Kleine Edition 26

CHRISTOPH MENKE

RECHT UND GEWALT

Erweiterte Neuauflage mit einem Nachwort des Autors
Wie ist eine Kritik des Rechts überhaupt möglich?

August Verlag

INHALT

VORBEMERKUNG

Jeder Versuch, das Verhältnis von Recht und Gewalt zu verstehen, muss von zwei Feststellungen ausgehen, die zueinander in Spannung, wenn nicht im Widerspruch stehen. Die erste Feststellung besagt: Das Recht ist das Gegenteil der Gewalt; rechtliche Formen des Entscheidens werden eingeführt, um die endlose Abfolge von Gewalt und Gegengewalt und Gegengegengewalt zu unterbrechen, den Bann des Antwortenmüssens auf Gewalt mit neuer Gewalt zu lösen. Die zweite Feststellung besagt: Das Recht ist selbst Gewalt; auch rechtliche Entscheidungen üben Gewalt aus – äußere Gewalt, die am Körper angreift, ebenso wie innere Gewalt, die die Seele, das Sein des Verurteilten versehrt.

In den beiden Feststellungen stehen sich die Gewaltfeindlichkeit und die Gewaltsamkeit des Rechts gegenüber: der Anspruch des Rechts, die „wilde Gewalt" des Naturzustands „äußerlich gesetzloser Freiheit" zu beenden;[1] die „Erwartung [...], dass das Recht die schwache Kraft zwanglos gebildeter, intersubjektiv geteilter Überzeugungen in eine sozialintegrative Macht verwandeln könne, die letztlich jede bloße Gewalt, in welcher Maske diese auch immer auftritt, zu überwältigen vermag"[2] – und die Gewalt, die unvermeidlich darin wiederkehrt, *wie* das Recht diesen Anspruch verwirklicht. Das Problem von Recht und Gewalt ist das Problem des Verhältnisses dieser beiden Feststellungen: der Legitimation des Rechts als Gewaltüberwindung und der Kritik des Rechts als Gewaltanwendung. Beide Feststellungen stehen im Gegensatz zueinander, aber keine kann bestritten werden; beide sind wahr. Die Wahrheit beider Feststellungen einzusehen ist die erste Anforderung, um dem Verhältnis von Recht und Gewalt gerecht zu werden.

Das scheint eine einfache Aufgabe. Dass die Anwendung von Gewalt zu den Handlungsmöglichkeiten des Rechts gehört, ist die Eingangsthese jeder Theorie, der es um eine Legitimation des Rechts geht: Die „Möglichkeit der Verknüpfung des allgemeinen wechselseitigen Zwanges mit jedermanns Freiheit" macht den *Begriff* des Rechts aus.[3] Die Ausübung von Zwang (der sich auf den Willen, als „Willkür", richtet) erfolgt durch die Anwendung oder Androhung von Gewalt, die dem Körper und der Seele gilt. Gewalt ist, gemäß dem lateinischen Ausdruck, eine die körperliche oder seelische Integrität verletzende Wirkungsweise des Handelns; Gewalt anzuwenden bedeutet zu „verletzen" (*violare*). Das Recht, so lautet seine Legitimation, wirkt aufgrund der Berechtigung, der normativen Geltung seiner Urteile. Sind seine Urteile gerechtfertigt, dann sind sie es gegenüber jedem, selbst dem Beurteilten, und insofern auch nicht gegen dessen Willen, also nicht einmal ihm gegenüber gewaltsam, verletzend. Gewalt muss das Recht nur anwenden können, wenn dieser Rechtfertigungszusammenhang unterbrochen ist. Gewalt wendet das Recht nur ersatzweise an: *anstatt* der Rechtfertigung, auf der es beruht. Diente die Gewalt dem traditionellen Recht noch als „ein Mittel der Darstellung und der Vergewisserung",[4] als ein Mittel also, seine Rechtfertigung zu verstärken, so ist sie im modernen Recht, dessen rationale Legitimation einer gewaltsamen Verstärkung weder bedürftig noch fähig ist, nur mehr dazu da, dem stets drohenden „Dissensrisiko" zu begegnen: Gewalt dient hier der *faktischen* Sicherung des im Recht *normativ* unterstellten Konsenses.[5] Die Gewaltanwendung im Recht – so seine Legitimation – bildet einen „nicht überbietbaren Grenzfall";[6] sie steht dem Recht, das intern „symbolisch" oder normativ organisiert ist, als „symbiotischer Mechanismus", der über die „physisch-organische Existenz" wirkt, zur Verfügung. „Gewalt begleitet das Recht wie ein unabwerfbarer Schatten", weil nur durch die Anwendung oder Androhung von Gewalt sicherzustellen ist, dass die auf Zustimmung angelegte Normativität des Rechts „unabhängig von den individuellen Motivationsstrukturen auf jeden Fall funktioniert und als solch[e] Vertrauen genießt".[7]

Es ist also nichts Neues, wenn die Kritik am Recht darauf insistiert, dass es kein Recht gibt – auch nicht das postsouveräne, das auf die grausamen Festlichkeiten der Strafen und Martern verzichtet hat –, das ohne Gewalt auskäme;[8] damit wiederholt die Kritik des Rechts nur, was auch die Legitimation des Rechts schon wusste. Die Kritik des Rechts besteht aber nicht allein in der Feststellung, dass das Recht zur Durchsetzung seiner Urteile Gewalt androht oder anwendet. Die Kritik besteht vielmehr in der Einsicht, dass der „Grenzfall" (Luhmann) seiner Gewalt eine Strukturbedingung des Rechts ist. Die Kritik gilt der untergründig wirksamen Logik, die die symbolische oder normative Dimension der Berechtigung rechtlicher Urteile mit dem symbiotischen Mechanismus ihrer gewaltsamen Durchsetzung innerlich verbindet. Gewalt besteht darin, dass „*Handeln durch Handeln eliminiert*“ wird.[9] Die Eliminierung von Handeln, von Handlungsfähigkeit oder Freiheit ist keine Wirkungsweise, die mit dem Recht bloß äußerlich, gar instrumentell verknüpft ist. Die Kritik des Rechts zeigt, dass Gewalt, als Eliminierung von Handeln, vielmehr eine notwendige Konsequenz der Legitimität des Rechts ist: eine Konsequenz seiner berechtigten Weise des Urteilens. Der rechtlichen Legitimation der Gewalt stellt die Kritik die Einsicht in die Gewalt der rechtlichen Legitimation gegenüber.

Damit wird aus dem Problem des Verhältnisses der beiden Feststellungen über das Recht, das leicht zu lösen schien, ein Paradox. Dieses Paradox der gleichzeitigen Gewaltaufhebung und Gewaltanwendung durch das Recht soll im ersten Teil der folgenden Überlegungen erschlossen werden („Das Schicksal des Rechts“). Das geschieht hier durch eine Rekonstruktion des Rechtsdenkens der Tragödie. Das Ziel dieser Rekonstruktion besteht darin, die paradoxe *Einheit* von Legitimation und Gewalt des Rechts zu verstehen – also zu verstehen, weshalb die Normativität des Rechts der Grund seiner schicksalhaften Gewalt ist. Walter Benjamins „Kritik der Gewalt“ kann als ein Resumé dieser Einsicht der Tragödie gelesen werden. Der zweite Teil versucht, die Lücke in der Einheit von Recht und Gewalt, Normativität und Schicksal zu finden, das Paradox dieser Einheit als Chance der Befreiung zu deuten. Dazu soll Benjamins dunkle Idee einer „Entsetzung des Rechts“ so erläutert werden, dass sie das Programm einer Selbstreflexion des Rechts formuliert: Das Recht zu entsetzen heißt weder, es immer weiter anzuwenden, noch es endgültig abzuschaffen, sondern es reflektiert, also *mit Widerwillen* zu vollziehen.

I. DAS SCHICKSAL DES RECHTS

Die Gattung der Tragödie und die Institution des Rechts sind in ihrer Entstehung und in ihrer Struktur aneinander gebunden: Die Tragödie ist die Gattung des Rechts, das Recht ist die Gerechtigkeit der Tragödie. So sind nicht erst die Inhalte und Stoffe der Tragödie, sondern ist ihre gattungsspezifische Verfassung rechtsförmig. Um Gerechtigkeit geht es auch im vortragischen Epos. Aber hier waltet die Gerechtigkeit als Schicksal, während die Tragödie, durch ihre Form, das Schicksal einer neuen Gestalt der Gerechtigkeit vorführt, die an die Instanz eines unparteilich urteilenden Richters gebunden ist. Die Klage des Einzelnen, das Gegeneinander und die Wechselrede der Parteien, die Verantwortung des Handelnden, die Bedeutung und Folgen der Entscheidung, die Fragen und Rätsel der Deutung – das sind zugleich Strukturelemente der Tragödie und des Rechts. Die Grundelemente der Tragödie entsprechen den Grundelementen der sich gleichzeitig ausbildenden neuen Theorie und Praxis der Gerechtigkeit, als Recht.

Die Verbindung von Tragödie und Recht gilt aber auch in der anderen Richtung: Nicht nur ist die Tragödie die Darstellungsform des Rechts, das Recht ist die Gerechtigkeitsform der Tragödie. Das Recht ist die Gerechtigkeitsform, die von der Tragödie hervorgebracht wird: die Form der Gerechtigkeit, die die Tragödie durch ihre Reflexionsarbeit an der Darstellungsweise des Epos aus der Erfahrung der Krise der vorrechtlichen Gerechtigkeit (der Gerechtigkeit des Opfers oder der Rache) hervorgehen lässt. Das Recht, von dem hier die Rede ist, ist das Recht der Tragödie; nicht irgendeine beliebige Art machtgarantierter Ordnung, die ein Minimum an Erwartungssicherheit schafft, sondern die spezifische Gestalt des Rechts, die die Reflexionsarbeit der Tragödie hervorbringt. Die Tragödie definiert einen anspruchsvollen Begriff des Rechts, indem sie dessen Geschichte erzählt; die Tragödie definiert das Recht durch seine Geschichte. Diese tragische, „tragödienartige“ Geschichte des Rechts ist eine Doppelgeschichte: seine Vor- und Nachgeschichte, die Geschichte seines Entstehens und seines Scheiterns, seiner Legitimation und seiner Krise oder Kritik.

Darum geht es in dem kurzen Blick, den ich im Folgenden auf zwei Tragödien werfe: Es geht darum, diesen beiden Tragödien einen normativ anspruchsvollen Begriff des Rechts zu entnehmen, der zugleich und von vornherein ein Bewusstsein seiner Paradoxie einschließt. Das geschieht in zwei Schritten: Der erste Schritt führt (im Blick auf die *Orestie*) von der Gerechtigkeit der Rache zu der des Rechts und zeigt, worin die Herrschaft des Rechts die Gewalt der Rache, mit der sie bricht, zugleich in veränderter Weise wiederholt. Der zweite Schritt führt (im Blick auf *König Ödipus*) vom „autoritären“ Recht, das durch Furcht herrscht, zum „autonomen“ Recht, das in der freien Selbstverurteilung seiner Subjekte gründet. Das Ziel dieser Rekonstruktion der Tragödien-Geschichte des Rechts liegt darin, zu verstehen, wie sich im „autonomen“ Recht, dem Recht der Aufklärung (von Ödipus[10] bis heute), Gewalt fortschreibt: in welchem

Sinn – in welchem Sinn von „Kritik“ und in welchem Sinn von „Gewalt“ – das autonome Recht Gegenstand einer „Kritik der Gewalt“ werden muss.

1. Die Unentscheidbarkeit der Rache (*Agamemnon*)

Die philosophischen Diskurse der Legitimation stellen das Recht der Gewalt des Naturzustands gegenüber, in dem jeder ungestraft alles tun darf. Dieser philosophisch ausgedachte Zustand ist fiktiv,[11] und so ist es auch die Legitimität, die die Philosophie dem Recht als Gegenmittel verschafft. Die Tragödie dagegen beschreibt die Gewalt, mit der das Recht bricht, als Gewalt nicht aus natürlichen Trieben oder bloßer Willkür, sondern, im Gegenteil, aus einer ehern notwendigen Satzung: Das Recht, so der Realismus der Tragödie, entsteht aus dem Einspruch gegen die Gewalt der Rache. Die Rache aber ist eine Vollzugsform der Gerechtigkeit. Die Gewalt, die das Recht überwindet, ist nicht die Gewalt, die nach philosophischer Fiktion den Naturzustand ausmacht, sondern die Gewalt einer ersten, früheren Ordnung der Gerechtigkeit: die Gewalt einer normativen Ordnung, normative Gewalt. Die *katastrophé* – ein „Umsturz […] durch Zwang“ –, die nach der Erfahrung der Erinyen, der Göttinnen der Rache, die Einsetzung des „neuen Rechts“ bedeutet,[*12] ist nicht die

* Wie an allen entscheidenden Stellen, so ist auch hier die Rede der Tragödie über das Recht zugleich eine Rede der Tragödie über sich selbst: Die *katastrophé*,

erstmalige Entstehung von Normativität gegen Natur, sondern ein später Wandel in der Ordnung der Gerechtigkeit. Nach der Einsicht der Tragödie entsteht das Recht aus der – *gegen* die – Erfahrung der Gewalt, die der Gerechtigkeit als Rache eingeschrieben ist. Das Recht will eine normative Ordnung der Gerechtigkeit nach – *jenseits* – der Gewalt der rächenden sein.

Die Rache ist Gerechtigkeit, denn die Rache trifft den, der es verdient. Die Rache folgt dem Gesetz der Gleichheit, rächend wird Gleiches mit Gleichem vergolten: Die Frau ermordet ihren Mann wegen dessen Opferung der gemeinsamen Tochter, der Sohn ermordet deshalb seine Mutter und wird darauf – weil kein Familienangehöriger mehr da ist, das zu tun – von den Rachegöttinnen verfolgt. Die Rache ist gerecht, weil sie gerechtfertigt ist. Die Rache ist nicht eine erste, grundlose, sondern die zweite Tat. Die Rache ist die Antwort auf ein Vergehen – eine Antwort, die erfolgen *muss* (daher gilt sie gottgesandt), weil oder wenn das Vergehen eine maßlose Übertretung der gerechten Ordnung war.

Wer viel Blut vergoß, entgeht
Nicht der Götter Aug. Und düst-
rer Erinyen Schar kehrt dem,
Den Glück begünstigt ohne Recht,

die „Wendung zum Niedergang“, zitiert die „Strophe“, die Wendung des Chors in seinem Tanz zur einen Seite der Bühne (und der Teil des Chorlieds, der in dieser Richtung gesungen wird), auf den die „Antistrophe“, die Umwendung in die andere Richtung folgt.

Bald um das Glück in Lebensnot
Und stürzt in Graus ihn.
(*Agamemnon*, 461–466)

Gegen das Übermaß des Vergehens – von Glück „ohne Recht" – stellt die Rache – die das rechtlose Glück „in Lebensnot" umkehrt – den richtigen Zustand wieder her. Die Rache gleicht aus, indem sie an dem, der eine Untat begangen hat, die gleiche Untat noch einmal begeht. Die Gerechtigkeit der Rache besteht im Tun des Gleichen.

Eben in der Gleichheit der Rache, durch die sie gerechtfertigt ist, liegt aber auch ihre Gewalt. Die rächende Tat antwortet der gerächten Tat, indem sie die gerächte Tat wiederholt; die rächende Tat ist *wie* die gerächte Tat. Indem sie die gerächte Tat wiederholt, ist die rächende Tat zugleich, in ein und derselben Hinsicht, gerechtfertigt, ja, notwendig und unausweichlich* – und gewaltsam. Die rächende Tat ist als Wiederholung des zu rächenden Vergehens selbst wieder ein zu rächendes Vergehen. Die Rache, die ein Gott – „ob Apollon, der Herr, / Ob Pan, ob Zeus" – den „Frevlern" gesandt hat, *kann* nur so vollstreckt werden, dass sie das Maß überschreitet und, weil „voll von Gewalttat", den „Groll" einer anderen Göttin – hier ist es Artemis – hervorruft.[13] Daher muss auf die rächende Tat wiederum eine Antwort erfolgen, die dem Rächer dasselbe

* Es ist weder entscheidend, durch wen noch wie und wodurch die Rache erfolgt: „Mag es stehen nun, / Wie es steh: zu Ende geht's, wie es verhängt, / Ob du zündest die Flamm, ob du träufelst aufs neu, / Ob du weinst – du versöhnst nicht nielöschenden Zorn / Über Opfer, die du versäumt hast." (*Agamemnon*, 67–71.)

antut, das er getan hat. Weil sie dem Gesetz der Gleichheit folgt, geht die Rache immer weiter. Jede Rachetat ist, bei aller Berechtigung ihres Antwortens auf eine vorhergehende Verletzung, selbst wieder genauso wie die Verletzung, auf die sie antwortet. Berechtigung und Gewaltsamkeit der Rache sind unlösbar verbunden: Die Rachetat ist Maß für Maß *und* Übermaß, das eine weitere Rachetat erfordert, um ins rechte Maß gesetzt zu werden. Die Gewalt der Rache besteht darin, dass sie endlos fortgehen muss – der „Wahnsinn [...] / Abwechselnden Mordes" (*Agamemnon*, 1575f.).

Jede Rachetat ist zweideutig: Sie ist die Vergeltung *und* die Wiederholung einer maßlosen Untat. Denn jede Rachetat steht im Gang der Ereignisse an zwei verschiedenen Stellen zugleich. Von jeder Rachetat gibt es zwei Erzählungen, denn immer, wenn eine Rachetat geschieht, wird zweimal gezählt. In der einen Zählung steht die Rachetat an zweiter Stelle. Durch sie wird eine erste Untat gebüßt; die Göttinnen der Rache sind „gerechteste Richter" (*Eumeniden*, 312). In der anderen Zählung steht die Rachetat an erster Stelle. Sie ist eine maßlose Tat, die ihren „verdienten Lohn" noch empfangen muss (*Eumeniden*, 272). Die Rachetat wird doppelt gezählt, daher entgegengesetzt bewertet, weil sie ontologisch zweideutig ist. Die Rache ist bloße Vollstreckung eines Schicksals oder Fluchs, den die erste Untat bereits selbst über sich verhängt hat: ein Geschehen. Und die Rache ist eine Handlung, eine erste Untat, der rächend eine zweite folgen muss.

Die Ethnologen der Rache streiten sich darüber, was sie ist: „eine äußerst elaborierte und kontrollierte Form der Gewaltregulierung", durch die nach einem Vergehen im vorstaatlichen Verhältnis zwischen verschiedenen, aber miteinander verbundenen Gruppen das Gleichgewicht wiederhergestellt wird;[14] oder ein unendlicher Zirkel der Gewalt, in dem es „keinen eindeutigen Unterschied zwischen dem Akt, den die Rache bestraft, und der Rache selbst" gibt.[15] Die Rache ist weder das eine noch das andere, denn es ist ihr wesentlich, beides zugleich zu sein. Die Gerechtigkeit der Rache – dass sie gegen eine maßlose Tat das Gleichgewicht wiederherstellt – und ihre gewaltzeugende Gewaltsamkeit – in der sie die der vergoltenen Maßlosigkeit wiederholt – sind zwei Seiten desselben. Die Rache birgt eine Zweideutigkeit, die ihre Gerechtigkeit in einen unentscheidbaren Streit feindlicher Parteien zerfallen lässt: War es die Vergeltung eines vergangenen, maßlosen Frevels (wie Apollo den Orest verteidigt*), oder war es eine „neue Blutschuld" (wie die Erinyen meinen: *Eumeniden*, 204), die nach Vergeltung schreit? Auf diese Frage hat die Gerechtigkeit der Rache keine Antwort, denn auf diese Frage gibt sie immer zwei Antworten, die miteinander unvereinbar sind.

So wie die Rache die Frage, ob das Vergehen eine erste oder eine zweite Tat war, nicht verbindlich beantworten kann, kann sie auch nicht sagen, ob es mit seiner Vergeltung genug ist. Die Frage, die die Rache unbeantwortet lassen muss, lautet: Wie kann es eine gerechte, auf ein Vergehen antwortende Tat geben, die keiner weiteren Antwort bedarf, keine neue Geschich-

* „Mein Spruch hieß rächen ihn den Vater; und mit Recht!" (*Eumeniden*, 203.)

te beginnt, sondern ein Ende macht? Die Gewalt der Rache ist eine Gewalt aus Gerechtigkeit. Diese Gewalt besteht in der Endlosigkeit ihres Wirkens. Die Frage, die die Rache stellt und ohne Antwort lassen muss, lautet: Gibt es eine Tat der Gerechtigkeit, die *nicht* endlos weiterwirkt – die keine Gewalt ist?

2. Die Prozedur des Rechts (*Die Eumeniden*)

Die Antwort des Rechts auf die Frage, die die Rache nicht zu beantworten vermochte, lautet: Ja, es gibt ein Ende, wenn das Entscheiden dem richtigen Verfahren folgt. Das Recht verkörpert kein höheres Wissen um den gerechten Zustand als die Ordnung der Rache. Auch das Recht weiß nur, dass, nach der Regel der Gerechtigkeit, die Untat eine Antwort verlangt, die dem, der sie begangen hat, antut, was er getan hat. Aber das Recht weiß überdies um die Strittigkeit des Wissens; darum, dass jede Tat zweimal gezählt, zweifach erzählt werden kann. Das Recht weiß, dass jede Erzählung nur eine Erzählung ist. Oder das Recht weiß, dass jeder Erzählung eine andere Erzählung entgegensteht. Wenn die eine Erzählung erfolgt ist – zum Beispiel die Erzählung von einer „neuen Blutschuld" –, dann weiß und sagt das Recht:

> Da zwei zur Stelle, ist die Hälfte erst gesagt.
> (*Eumeniden*, 428)

Damit beginnt das Recht. Das ist der erste und grundlegende Schritt des Verfahrens, in dem das Recht besteht. Das Recht überwindet die Gewalt der Rache, weil es zuerst wahrzunehmen, dann zu gewährleisten vermag, dass „zwei zur Stelle" sind und zu Wort kommen.* Damit definiert das Recht jeden, der zur Stelle ist, als einen von zweien. Sie definiert ihn als eine Partei: als jemanden, dessen Erzählung parteilich ist. Und sie definiert ihn damit als einen, dem ein anderer, mit seiner parteilichen Erzählung, berechtigt gegenübertritt. Das Verfahren des Rechts besteht darin, jeder Erzählung als parteilicher gegenüber zu treten. Das bedeutet nicht, dass das Recht annimmt, dass sie nicht wahr ist. Warum sollte die eine parteiliche Erzählung nicht die wahre Erzählung sein können? Es bedeutet vielmehr, dass das Recht nicht annimmt, dass sie wahr (oder dass sie unwahr) ist. Jeder Erzählung als parteilicher gegenüber zu treten heißt, so zu verfahren, dass nach der einen noch die andere gehört werden muss. Das Verfahren des Rechts *distanziert* jede Erzählung und *relativiert* sie damit als eine von zweien. Deshalb hört das Recht sich beide an. Dass man dieselbe (Un-) Tat so und so erzählen kann, bringt die Gerechtigkeit der Rache an ihr Ende. Im Verfahren des Rechts dagegen ist das der Normfall. Dass man dieselbe (Un-) Tat so *und* so erzählen kann, ist einfach das, was einen

* Auch in der Tragödie, deshalb ist sie die Gattung des Rechts, sind immer „zwei zur Stelle": Die Geschichte der Tragödie beginnt damit, „dass Aischylos [...] die Zahl der Schauspieler von einem auf zwei gebracht hat". (Aristoteles, *Poetik*, 4. 1449a.)

rechtlichen Fall ausmacht. Dadurch ist jeder rechtliche Fall ein „schwerer" Fall.

Innerhalb der Ordnung der Rache ist das Wie des Erzählens keine Frage: Ob der Muttermord eine „neue Blutschuld" ist, die nach Vergeltung schreit, oder selbst schon die Vergeltung für einen vorhergehenden Gattenmord war (und damit, ob dieser eine „neue Blutschuld" war, die nach Vergeltung schrie, oder selbst schon die Vergeltung für einen vorhergehenden Kindsmord war) – das ist für einen, der die Gerechtigkeit im Sinn der Rache versteht, keine Frage. Die Erzählungen, die die Gerechtigkeit der Rache vollstreckt, sind subjektlos; sie erzählen sich wie der Mythos selbst. Die Erzählungen, deren Gegeneinander den Rechtsfall ausmachen, sind dagegen Erzählungen durch eine Partei. Damit wird die Wahrheit zum Problem und also zum Resultat eines Verfahrens: Die Wahrheit muss erst noch gefunden werden; sie steht am Ende eines Prozesses des Untersuchens und Urteilens.[16] Zu diesem Verfahren gehört, dass gesehen wird, dass zwei Seiten zugleich zur Stelle sind. Das Verfahren des Rechts hört beide Seiten. Deshalb verlangt das Verfahren des Rechts ein Subjekt, das keine Partei ist: ein parteiloses, ein unparteiliches Subjekt – einen Richter. Mit dessen Einsetzung vollstreckt Athene die „Katastrophe" der Rache:

> Der Fall liegt schwerer,
> als dass hier sich zutraun könnt
> Ein Mensch zu richten;
> und auch mir kommt es nicht zu,

Um Mord den Streit zu schlichten [...].
Doch da die Sache nun hierher an uns gelangt,
Wähl über Mord ich Richter mir, geschworne aus,
Den Eid durchführend, unirrbar gerechten Sinns,
Und setze diese Satzung fest für alle Zeit.
(*Eumeniden*, 470–484)

„Gerecht" heißt jetzt nicht mehr: tun, was getan werden muss; das Übermaß der Untat ausgleichen, indem es gegen den wiederholt wird, der sie getan hat. „Gerecht" heißt jetzt diejenige Art und Weise, die Dinge zu verstehen (der unbeirrbare „Sinn"), die nicht parteilich ist, sondern beide Seiten sieht.

Der Bruch mit der Gerechtigkeit der Rache und der Eintritt in die des Rechts verlangt den Kontrahenten ab, sich als Parteien zu sehen. Das heißt zweierlei: Es verlangt ihnen ab, den anderen und den Anderen anzuerkennen. Es verlangt von ihnen, sich als eine Partei und den anderen auch als eine, als eine zweite Partei zu sehen, die beide gleichermaßen gehört werden. Und es verlangt von ihnen, sich und den anderen als Parteien zu sehen, die des gerechten Urteils in ihrem Streitfall nicht fähig sind und dieses nur von einem anderen erlangen können: einem anderen, der nicht nur ein weiterer anderer, eine Partei, sondern der kategorial anders ist als sie – keine Partei, der Andere. Der Austritt aus der Gerechtigkeit der Rache und der Eintritt in die des Rechts verlangt von den Kontrahenten, sich des Rechts des Urteils in eigener Sache zu begeben und den Anderen als über sie Urteilenden anzuerkennen. Der Eintritt ins Recht verlangt die Unterwerfung beider Seiten unter die Urteilsmacht des Anderen:

> Erinyen: Dann untersuch und richte
> nach dem richtigen Recht
> Athene: So überlaßt ihr mir wohl der
> Entscheidung Spruch?
> Erinyen: Was sonst?
> Wir ehren ja die Würdge würdig so.
> (*Eumeniden*, 433–435)

> Orest: Doch du, ob recht, nicht recht
> ich tat, entscheide nun!
> Ich stell's anheim dir, füge ganz mich deinem Spruch.
> (*Eumeniden*, 468f.)

Der Bruch mit der Gerechtigkeit der Rache und der Eintritt in die des Rechts verlangt jeder Partei (die dadurch erst zu einer wird) eine doppelte Dezentrierung ab. Die einander feindlich Gegenüberstehenden müssen sich als eine von zwei „Parteien" sehen, die ihre wechselseitige Anerkennung dadurch zum Ausdruck bringen, dass beide zugleich – gleichzeitig und gleichermaßen – ihre Urteilsmacht an einen über ihnen stehenden Dritten, den unparteilichen Richter, abgeben. Mit dieser doppelten Dezentrierung beginnt die Subjektivierung, die das Recht verlangt (und die weder bei dieser doppelten Dezentrierung stehen bleibt – sondern den Fluch autonomer Internalisierung des Rechts freisetzt – noch jemals ganz erfolgt sein wird:

denn der Subjektivierung durchs Recht antwortet der „Widerwille" der Unterworfenen).

3. Gleichheit und Herrschaft

Das Verfahren, in der das Recht besteht, ist durch drei Positionen – eine erste Partei; eine zweite Partei; einen urteilsmächtigen Dritten – und zwei Relationen definiert: die horizontale Relation zwischen den beiden Parteien und die vertikale Relation zwischen den Parteien und der Un-Partei des Richters. Der Sinn dieser Relationen im Rechtsverfahren erschließt sich jedoch erst, wenn man sie in ihrem politischen Gehalt erkennt. Das besagt negativ: Das Rechtsverfahren ist kein Schiedsverfahren, der Richter kein Schiedsrichter, der die relative Berechtigung zweier Ansprüche abwägt. Denn die Positionen und Relationen in einem abwägenden Schiedsverfahren sind „privat". Sie beruhen auf der freiwilligen Einigung zweier Verfeindeter, für diesen Fall und Zweck einen Unbeteiligten zur Hilfe zu rufen. Dagegen etabliert das Rechtsverfahren politische Beziehungen zwischen den Beteiligten: Relationen der Gleichheit und der Herrschaft. Diese beiden Relationen machen die Politik der Prozedur aus; sie definieren das Rechtsverfahren *als* Politik.[17]

Die Gleichheit ist hier zuerst die der dem rechtlichen Verfahren unterworfenen Parteien: Die beiden Parteien finden im rechtlichen Verfahren gleichermaßen Gehör, sie unterstehen demselben Richter. In dieser prozeduralen Gleichheit der Parteien realisiert sich jedoch die politische Gleichheit der Bürger: Ein gleicher Bürger zu sein heißt, eine gleiche Partei in einem rechtlichen Verfahren werden zu können. Die Gleichheit, die das Rechtsverfahren zwischen den beteiligten Parteien herstellt oder gewährleistet, beruht auf der Gleichheit aller Bürger. „Partei" in einem Rechtsverfahren kann nur sein, wer als Bürger „Teil", *partie*, in einem Gemeinwesen ist.*

Darin ist das Recht als Verfahren politisch: gebunden an die Bürgerschaft. Im Gegensatz zur Gerechtigkeit der Rache, die zwischen verschiedenen Gemeinschaften herrscht, kann es die des Rechts nur in einer Gemeinschaft von gleichen Bürgern geben. Das heißt auch: Es gibt kein Recht außerhalb des politischen Gemeinwesens. So beruhigt Athene, als Göttin des Rechts, die über ihre Entmachtung empörten Rachegöttinnen, indem sie ihnen aufzeigt, wo sie auch nach der Einführung des rechtlichen Verfahrens weiter herrschen können, weil das Recht dort *nicht* gilt: im Haus, in dem es – zwischen Mann und Frau, Vater und Kindern, Herr und Knechten – nur Verhältnisse der

* „Wer es wagt, einem Volk eine Verfassung zu geben [*d'instituer un peuple*], muß auch wagen, sozusagen die menschliche Natur umzuwandeln. Jeden einzelnen [*individu*], der ein in sich vollkommenes und selbständiges Ganzes ist, in einen Teil [*partie*] eines größeren Ganzen umzuformen, von dem diese Einzelwesen gewissermaßen ihr Sein und ihr Leben erhalten; die Verfassung des Menschen zu entstellen, um sie zu verstärken. Eine anteilige [*partielle*] und moralische Existenz an die Stelle einer physischen und unabhängigen Existenz zu setzen, die wir von der Natur mitbekommen haben. Mit einem Wort, er muß dem Menschen seine ihm eigenen Kräfte nehmen, um ihm andere zu geben, die ihm fremd sind, und die er, ohne Beistand der anderen, nicht zu nutzen versteht." (Rousseau, *Vom Gesellschaftsvertrag*, Kap. II.7: „Der Gesetzgeber", S. 100.)

Ungleichheit gibt, und im Verhältnis zwischen den Gemeinwesen; denn hier regiert der „Gott des Streits".* Aber nach der Einsetzung des Gerichts können die Erinyen nicht weiterhin, so Athene, zwischen „meinen Bürgern", in „meinem Volk" (*polítais*: *Eumeniden*, 854, 926) herrschen. Denn dort herrscht Gleichheit – die Gleichheit vor dem Recht oder *durch* das Recht.

Aber die politische Gleichheit der Bürger liegt nicht nur der prozeduralen Gleichheit der beiden Parteien zugrunde. Sie definiert auch das Verhältnis zwischen den Parteien und dem über sie richtenden Unparteilichen. Nach Athenes Einsicht gilt: Auch der Richter ist ein Bürger; nur ein Bürger kann ein Richter sein. Anders als die der Rache kommt die Gerechtigkeit des Rechts nicht mehr in einem Urteil zur Geltung, das kein Subjekt, jedenfalls kein menschliches, hat. Das Urteil der Rache war subjektlos, denn es war schon in der Maßlosigkeit der zu rächenden Tat enthalten; der Rächer stellt diese Eigenschaft nur fest. Das Urteil des Rechts dagegen hat ein Subjekt, das es durch ein Verfahren des Untersuchens und Urteilens *hervorbringt* – den Richter. Zu den Parteien, über die er urteilt, steht der Richter dabei in einem doppelten Verhältnis: Er *ist* nicht nur ein gleicher Bürger, wie die beiden Streitparteien; im Unterschied zu den Parteien spricht der Bürger-Richter auch *im Namen* der Gleichheit. Der Richter ist die Figur der Gleichheit, der Repräsentant

* „Vorm Tore nur soll Krieg sein, der unschwer entbrennt; / Dort such ihr Feld sich hehren Ruhms gewaltge Gier! / Doch gleichen Hofs Geflügel sei der Kampf verwehrt!" (*Eumeniden*, 865–867.)

der Gleichheit aller Bürger. Das Urteil des Richters ist das Urteil von Bürgern über Bürger. Genauer: Es ist das Urteil eines Bürgers (oder einiger oder vieler oder aller Bürger) im Namen *des* Bürgers. Durch den oder die Richter urteilt die ganze Bürgerschaft über einzelne Bürger.

In Athen war jahrhundertlang umkämpft, ob das rechtliche Urteil demokratisch oder aristokratisch verstanden und organisiert werden muss, um als Urteil der ganzen Bürgerschaft zählen zu können.[18] In dieser Debatte bezieht Aischylos Stellung, wenn er Athene sagen lässt, dass nicht irgendwelche Bürger Richter sein können: Es sollen „meiner Bürger Beste" sein, die sich Athene zu Richtern wählt (*Eumeniden*, 487). Nach Athene, so Aischylos, kann das Recht, soll es funktionieren, nur aristokratisch verfasst sein: Herrschaft des Rechts heißt Herrschaft der Besten.*[19]

„Herrschaft der Besten" bedeutet, dass sich im Recht auf dem Grund der Gleichheit ein Gegensatz, genauer

* So sieht es auch noch Tocqueville. In dem Kapitel des Amerikabuches „Was zur Milderung der Mehrheitstyrannei in den Vereinigten Staaten beiträgt" schreibt er: „Auf dem Grund der Seele der Rechtskundigen verborgen findet man also etwas von den Neigungen und Gewohnheiten der Aristokratie wieder. Wie diese haben sie eine unwillkürliche Vorliebe für Ordnung, schätzen sie von Natur die Formen, wie diese hegen sie eine große Abneigung gegen das Tun der Menge und verachten insgeheim die Volksregierung. [...] Ich sage, dass in einer Gesellschaft, in der die Rechtskundigen unbestritten die ihnen natürlicherweise zukommende gehobene Stellung einnehmen, ihr Geist sich als äußerst konservativ und gegen die Demokratie gerichtet erweist." (Tocqueville, *Über die Demokratie in Amerika*, Teil I, S. 396f.) Im modernen Recht, das seine Richter nicht mehr, wie Athene die ihren, durch göttliche Auswahl rekrutiert, steht der aristokratische Geist der Rechtskundigen unter dem Vorbehalt, dass „aber Jeder Jurist werden kann, der die nöthige Kraft darauf wendet". (Savigny, *System des heutigen römischen Rechts*, S. 49.)

eine Hierarchie durchsetzt. Bezeichnet wird sie hier, im aristokratischen Diskurs der Athene, als Hierarchie zwischen den besten und den gewöhnlichen Bürgern. Sie verweist aber auf die Relation der Herrschaft, die zu allem Recht gehört, ganz gleich, wie es das Richteramt besetzt. Die aristokratische Bezeichnung der Hierarchie zwischen den „besten" und den gewöhnlichen Bürgern bringt nur das herrschaftliche, „kratische" Wesen im Recht zum Ausdruck. Denn wie auch immer die organisatorische Lösung aussieht, das Problem ist stets dasselbe: dass die Gerechtigkeit, die die rechtliche Prozedur praktiziert, in nichts anderem als darin besteht, dass durch den oder die Richter die Bürgerschaft als Ganze über einzelne Bürger urteilt. Das heißt hier „Unparteilichkeit". Durchs Recht spricht die politische Einheit der Bürger. Wir haben in dem vorrechtlichen Zustand der Rache erfahren, dass jeder einzelne Bürger sich als einen Adressaten normativer Forderungen, ja unbedingter Pflichten sieht. Jeder steht unter den Ansprüchen *seiner* Gerechtigkeit (der Heerführer muss die Tochter opfern; die Mutter muss die Tochter, der Sohn muss den Vater rächen, usw.), deren Erfüllung ein Gott, eine Göttin einfordert. Die Ordnung der Rache ist gekennzeichnet nicht durch einen Mangel, sondern eine Überfülle an Gerechtigkeiten. Dem macht das Recht ein Ende, indem es das eine Gesetz durchsetzt. Dieses eine Gesetz ist das Gesetz der Gleichheit, das die politische Einheit der Bürger ausmacht. All die verschiedenen, einander widerstreitenden Gerechtigkeiten, in deren Namen die Akte der Rache vollzogen wurden, werden demgegenüber zu bloßen Parteilichkeiten herabgesetzt. Die Jurisdiktion der Gerichte, so schreibt Robert Cover im Blick auf *Die Eumeniden*,[20] ist nicht so sehr rechtschaffend oder -verwirklichend, sondern zuallererst gesetzesfeindlich oder -zerstörend: *jurispathic*; sie interveniert in einem Feld der „polynomia" und setzt das eine Recht durch, indem sie die vielen, einander widerstreitenden Gesetze rächender Gerechtigkeit unterdrückt. Ob nun demokratisch oder aristokratisch; ob durch die Versammlung aller oder nur durch die Besten der Bürger: Im rechtlichen Richten vollstreckt sich die Herrschaft der politischen Einheit über die parteilichen Einzelnen.

In seiner Prozedur realisiert das Recht die politische Gleichheit der Bürger mithin stets in zweifacher Weise: indem die beiden Parteien selbst und gleichermaßen zu Wort kommen, und indem ein Richter im Namen der Gleichheit aller Bürger urteilt. Im Verfahren der Anhörung realisiert das Recht die Pluralität der politischen Gleichheit, im Moment der Entscheidung die Gleichheit als politische Einheit. Gleichheit im Recht heißt in horizontaler Dimension: Vielheit der Parteien, die darin, dass sie bloße Parteien sind, einander gleich sind. Und Gleichheit im Recht heißt in der vertikalen Dimension: Hierarchie zwischen Richter und Parteien; der Richterspruch vollstreckt die Gleichheit zwischen den Bürgern als Herrschaft ihrer Gesamtheit über den Einzelnen.

4. Die erscheinende Gewalt

Athene bezeugt den Herrschaftscharakter des Rechts, indem sie sich in der Einsetzung des Gerichts als gelehrige Schülerin der Erinyen präsentiert. Sie spricht ihnen die Lektion nach, dass es Gerechtigkeit nur gibt, wenn sie auf „Angst" beruht. Die kratische Lehre, mit der die Rachegöttinnen die Notwendigkeit ihres hässlichen, abschreckenden Wirkens aus der Gerechtigkeit ableiten – die Lehre, dass es weder gut ist, wenn die Bürger „ohne Herrn / Noch der Herrn Knecht" sind, weil sie nur vor einem Herren *Angst* haben (und weil die Gerechtigkeit ohne Angst nicht herrschen kann)* –, ist in der politischen Ordnung des Rechts nicht nur nicht vergessen. Die Ordnung des Rechts beherzigt diese Lehre vielmehr von Anfang an in einer Weise, die ihr eine Zukunft äußerster Zuspitzung eröffnet. Die Ordnung des Rechts hat die kratische Lehre der Herrschaft durch Angst *verinnerlicht*. So wiederholt Athene, wie auswendig gelernt, dass das Verhältnis der Bürger zum Recht, als ein Verhältnis der „Ehrfurcht", eines der „Furcht" bleiben muss (*Eumeniden*, 691): Die Anerkennung der Gültigkeit rechtlicher Urteile – weil in ihnen nur die Gleichheit der Bürger zum Ausdruck kommt – *bedeutet* Unterwerfung unter die drohende Macht der Herrschaft, die alle über den Einzelnen ausüben. Athene empfiehlt ihrer Stadt gerade deshalb die

* „Wer, der nicht im Glanz des Glücks / Tief im Herzen Angst verspürt, / Gleich, ob Stadt, ob Mensch es sei, hegte sonst noch Scheu vorm Recht? / Weder drum ohne Herrn / Noch der Herren Knecht zu sein, / Sei dein Wunsch!" (*Eumeniden*, 520–522.)

neue Ordnung des Rechts, weil sich in ihr Gleichheit und Herrschaft aufs innigste verbinden:

> Nicht obrigkeitslos noch Tyrannenknecht zu sein
> [Nicht ohne Herrn, nicht unter eines Herrn
> Gewalt / Zu leben[21]]
> Rat Bürgern ich als ihres Strebens höchstes Ziel,
> Und – nicht die Furcht ganz fortzubannen aus
> der Stadt.
> Denn wer der Menschen, der nichts fürchtet,
> bleibt gerecht?
> (*Eumeniden*, 696–699)

Von Anfang an ist diese Wiederholung eben der furchteinflößenden Herrschaft, durch die sich bereits die Ordnung der Rache legitimierte, im Recht als ein Zeichen ihrer Ununterscheidbarkeit gedeutet worden. Schon in Euripides' Neuschreibung des dritten Teils der Orestie-Geschichte, seinem *Orestes*, ist das Vertrauen darauf, zwischen den Akten oder Drohungen der Rache und denen des Rechts unterscheiden zu können, einer Überblendung beider Phänomene gewichen: Sie sind Gegenstand *derselben* Angst. Ob sich Orestes nun vor „den Schlangenfrauen mit dem blutrot glühnden Blick", des „Hades Priesterinnen mit dem Hundeblick" fürchtet, die ihn aus Rache morden wollen,[22] oder vor der unmittelbar bevorstehenden Abstimmung der Bürger von Argos im Mordverfahren gegen Elektra und ihn, die ihn zum „Tod von Bürgerhänden: Tod durch Steinigung" verurteilen werden (*Orestes*, 442): das macht für Orestes, seine Gefühle und seine Klage, keinen Unterschied. (Beide, die Gerechtigkeit der Rache wie die des Rechts, sollen daher auch gleichermaßen durch das Gericht auf dem Ares-Berg aufgehoben werden, das Euripides nicht mehr, wie Aischylos, als durch Athene eingesetztes Bürger-, sondern als von Apollo versprochenes Göttergericht beschreibt: *Orestes*, 1643–1651.) Euripides' *Orestes* ist der Anspruch des Rechts, kategorial (und daher katastrophisch) anders zu sein als die Rache, unverständlich geworden; der Differenzanspruch des Rechts verstummt nun vor der phänomenalen Evidenz, dass Recht wie Rache, die Gewalt der rechtlichen Strafe und die Gewalt des Racheaktes, gleich aussehen.

Der Unterschied zwischen Rache und Recht ist eine „sinnlich nicht wahrnehmbare Qualität", denn er ist – *bloß* – ein Unterschied der Form, der Form ihres Urteilens. Als formaler erschließt sich der Unterschied zwischen Rache und Recht „erst durch einen Denkprozeß".* Dieser nicht-sinnliche, formale Unterschied verblaßt, wenn die Tatsachen der rechtlichen Wirklichkeit mit unabweisbarer Macht in den Vordergrund treten: wenn der „realistische" Blick, von Euripides und der zeitgenössischen Sophistik bis zu den gegenwärtigen *Critical Legal Studies*, das Recht als maskierte Gewalt entlarvt, die den Interessen der herrschenden Klasse zur Durchsetzung verhilft. Vor dem schlichten statistischen Datum, dass aus der Gruppe

* „Daß ein Tatbestand Exekution eines Todesurteils und kein Mord ist, diese – sinnlich nicht wahrnehmbare – Qualität ergibt sich erst durch einen Denkprozeß: aus der Konfrontation mit dem Strafgesetzbuch und der Strafprozeßordnung." (Kelsen, *Reine Rechtslehre*, S. 19.)

der Schwarzen zwischen zwanzig und vierunddreißig Jahren in den USA über elf Prozent im Gefängnis sitzen, mehr als zehnmal soviel wie im Durchschnitt der Gesamtbevölkerung und immerhin noch fast viermal so viele wie aus der entsprechenden Altersgruppe der Weißen, wird der – richtige – Hinweis auf den formalen Unterschied jedes einzelnen rechtlichen Urteilsakts, aus dem sich diese Statistik zusammensetzt, von dem der Rache kraftlos. Recht und Rache sind nicht nur scheinbar, sondern *erscheinen* gleich.

5. Recht und Nichtrecht

Gerade deshalb aber reicht der realistische Blick, der immer nur die Erscheinung trifft, nicht, um die Gewalt des Rechts zu begreifen: Dass sie die Gewalt *des Rechts* ist, „ergibt sich erst durch einen Denkprozeß" (Kelsen). Denn im Gegensatz zu der Grundannahme, die die realistische Rechtsbetrachtung mit ihrem idealistischen Gegner teilt, ist die Gewalt des Rechts nicht das Andere seiner Form (und die Form des Rechts nicht, idealistisch, das Andere der Gewalt), sondern entspringt die Gewalt des Rechts seiner Form – eben derjenigen rechtlichen Form, die mit der gewaltreproduzierenden Unentscheidbarkeit der Rache bricht. Alle Gewalt erscheint gleich: Für den, der sie erleidet, macht es keinen Unterschied, warum und wie sie ausgeübt wird. Aber nicht alle Gewalt ist in ihrem Wesen, weil in ihrer Form gleich: Die verschiedenen Weisen gewaltsamer Wirksamkeit des Handelns unterscheiden sich in ihrer

Finalität und daher auch in ihrer Kausalität. Man versteht beide, die Gewalt der Rache und die des Rechts, nur, wenn man sie nicht in der Gleichheit ihrer Erscheinung betrachtet, sondern ihre Gewalt auf ihre Form zurückführt – die jeweilige Form, die die Gerechtigkeit in ihnen annimmt.

Die Rache war darin gerecht, dass sie gegen eine Tat des Übermaßes den richtigen Zustand der Welt wiederherstellte. Die Rache dachte vom gerechten Zustand der Welt her; sie dachte die Gerechtigkeit, die sie zur Geltung bringt, objektiv. In der Ordnung der Rache kann, ja muss es immer zwei einander entgegengesetzte Erzählungen darüber geben, ob der gerechte Zustand der Welt durch eine Tat wiederhergestellt oder, gerade im Gegenteil, gestört worden ist. In der erbitterten Gegnerschaft der Rache geht es um Gerechtigkeit gegen Ungerechtigkeit. Aber Ungerechtigkeit meint hier stets: ein entgegengesetztes Verständnis von Gerechtigkeit. Die Ungerechtigkeit, gegen die die Rache sich wendet, ist eine andere, eine Gegen-Gerechtigkeit (nicht: Nicht-Gerechtigkeit). In der Ordnung der Rache gilt die Gerechtigkeit für beide Seiten, beide sind Agenten der Gerechtigkeit.

In der Gerechtigkeit des Rechts dagegen geht es nicht um den richtigen Zustand der Welt, sondern das richtige „politische“ Verhältnis: Es geht um die Gleichheit unter Bürgern. Diese bürgerliche Gleichheit bringt der Richter in seinem Urteil zur Geltung. Das Verhältnis der Gleichheit unter Bürgern definiert ihre politische Einheit, als Teile eines Gemeinwesens. In ihrem Namen, im Namen der Gleichheit und Einheit der Bürger, nicht der Ordnung der Welt, erfolgt das rechtliche Urteil des Richters; der Richter spricht für, er repräsentiert die politische Einheit der Bürger. Indem das Recht das Urteil der Gerechtigkeit subjektiviert und prozeduralisiert und darin an die politische Einheit bindet, bringt es zugleich eine Möglichkeit hervor, die in der Ordnung der Rache gänzlich unbekannt, ja undenkbar war: die Möglichkeit eines *Außerhalb* der Gerechtigkeit; die Möglichkeit der Nicht-Gerechtigkeit – eines Wollens und Handelns diesseits der normativen Orientierung an Gerechtigkeit überhaupt. Denn wenn die Verrechtlichung der Gerechtigkeit ihre Subjektivierung, Prozeduralisierung und damit ihre Politisierung bedeutet, dann ist die Gerechtigkeit im Recht an eine Ordnung gebunden, die – anders als die gerechte Ordnung der Welt, die die Rache wiederherstellt und die Alles und Jeden umfasst – ein Anderes, ein Gegenüber oder Außerhalb kennt. Niemand kann außerhalb der Gerechtigkeit der Rache stehen; denn jeder ist *entweder* gerecht *oder* ungerecht – er stört oder vollzieht oder restituiert die gerechte Ordnung der Welt. Man kann aber außerhalb der Gerechtigkeit des Rechts stehen: Es definiert das politische Gemeinwesen, in dessen Namen das Recht urteilt, dass ihm etwas – der Zustand der „Natur" – gegenüber steht, in dem die Gleichheit der Bürger nicht zählt. Außerhalb des Rechts steht dabei nicht schon, wer sich als „Besonderes" von der Allgemeinheit seiner Sätze und Urteile nicht angemessen erfasst sieht. Außerhalb des Rechts im radikalen Sinn steht, wer sich *gar nicht* mehr an der Norm des Rechts, der Norm bürgerlicher Gleichheit, ja, wer sich an *gar keiner* Norm der Gerechtigkeit mehr orientiert (denn durch die Einsetzung des Rechts gibt es keine andere Gerechtigkeit mehr als die politisch-prozedurale der bürgerlichen Gleichheit). Indem die Gerechtigkeit im Recht ein Verfahren, ein Subjekt und damit einen politischen Gehalt gewinnt, hat sie mithin ein ganz neues Problem zu bewältigen: die Durchsetzung nicht nur gegen den Un-, sondern den Nicht-Gerechten – gegen den, der der Gerechtigkeit des Rechts fremd gegenübersteht.

Das gibt der Herrschaft, die die Richter ausüben, und der Furcht, die sie wecken, ihren zweideutigen Sinn. Nur auf den ersten (und beschönigenden) Blick geht es in dem hierarchischen Gefälle zwischen den besten und den gewöhnlichen, den richtenden und den parteilichen Bürgern um die Überlegenheit an Einsicht in das, was die Gleichheit der Bürger verlangt; als sei das Unrecht der Parteilichkeit nur ein Irrtum, eine fehlerhafte, weil inkompetente Ansicht über das, was das Recht verlangt.[23] Wäre das so, bräuchte das Recht nicht zu herrschen und keine Furcht zu verbreiten. Das Recht müsste nur erklären und zum („ehrfürchtigen") Nachvollzug der höheren, richterlichen Einsicht anhalten. Dass die Herrschaft des Rechts *Furcht* einflößt, ist aber deshalb nötig – ohne sie kann es tatsächlich kein Recht geben –, weil in jedem Akt des Unrechts die Möglichkeit des Außer-, gar Gegenrechtlichen lauert. Das Recht muss in einem Verstoß gegen die Gleichheit der Bürger immer den Ausstieg aus dem Recht, ja einen Aufstand gegen das Recht überhaupt fürchten. Weil das Recht nur die politische

Einheit der Bürger verwirklicht, kann das Recht niemals sicher sein, dass die Parteien, über die es urteilt, sich als Teil in dieser Einheit sehen und dieser nicht vielmehr äußerlich gegenüberstehen. Das Recht muss damit rechnen, in jedem Akt des Unrechts einem Nichtrechtlichen, einem Rechtsfreien oder gar Gegenrechtlichen zu begegnen. Einem Außerrechtlichen gegenüber aber können die Richter nicht geltend machen, was ihr Urteilen über die „gewöhnlichen" Bürger legitimiert: dass sie, die Richter als die besten Bürger, eine höhere Einsicht in das haben, was sie mit den gewöhnlichen Bürgern teilen, ihre Gleichheit als Bürger. Denn zwischen dem Richter und dem Außerrechtlichen herrscht weder die Gleichheit des Bürgers noch die Stufung der Einsicht: Der Außerrechtliche ist ungleich und frei von jeder Einsicht. Einem Außerrechtlichen gegenüber können die Richter ihr Urteil daher nur so geltend machen, dass sie es *gegen* ihn durchsetzen; ihm gegenüber, der dem Recht äußerlich, fremd gegenüber steht, kann das Urteil der Richter nur durch Furcht herrschen.

Deshalb gehört Gewalt nicht nur zur Erscheinung, sondern zum Wesen des Rechts: Die Gewalt des Rechts folgt aus seiner politisch-prozeduralen Urteilsform. Und gerade so verstanden erweist sich, worin sich Rache und Recht in Wahrheit gleichen – weshalb sie gleichermaßen als Gewalt erscheinen müssen und worin ihre Gewalt eigentlich besteht. Die Gewalt der Rache, so haben wir gesehen, lag nicht darin, dass sich in ihr ein blinder Affekt auslebte – ein irrationaler, ja hysterischer Rachedurst (wie es aufgrund der Psychologisierung der Tragödie in der Oper scheint). Die Gewalt der Rache lag darin, dass ihre Wiederherstellung von Gerechtigkeit sich durch einen Akt vollzog, den eine zweite Erzählung als eine maßlose, frevelhafte Störung des gerechten Gleichgewichts darstellte und der daher nach der erneuten Wiederherstellung der Gerechtigkeit verlangte. Die Gewalt der Rache lag also darin, dass ihre Wiederherstellung der Gerechtigkeit sich endlos wiederholen muss. Denn die Gewalt der Rache erfolgt stets durch einen Akt genau derselben Art wie der, gegen die sie sich richtet. Genauer gesagt ist es ihr eigener Aktcharakter, gegen den sich die Rache, der es um den gerechten Zustand der Welt geht, richtet. Die Rache versucht als Frevel aus der Welt zu schaffen, was sie eben dadurch immer wieder in die Welt bringt: den Akt, die Tat. Was die Rache wieder herstellen will, der gerechte Zustand der Welt, und was sie selbst ist, ein notwendig maßloser Akt, sind unvereinbar.[24] Die Gewalt der Rache ist der Zwang ihrer Wiederholung.

Und ebenso, aber ganz anders im Recht: Auch das Recht muss seine Durchsetzung mit Gewalt fortwährend wiederholen. Aber nicht, weil das Recht, wie die Rache, das, wogegen es sich richtet, in sich, sondern weil das Recht es außer sich, sich gegenüber hervorbringt. Mit der Bindung der Gerechtigkeit an die politische Einheit der Bürger bringt das Recht sein eigenes Anderes hervor. Von jetzt an gibt es ein Außerhalb der Gerechtigkeit: Mit der Einsetzung des Rechts wird zugleich und unvermeidlich die Möglichkeit des Außerrechtlichen, des Nichtrechts hervorgebracht. Das Recht muss seine Entscheidungen daher nicht nur gegen andere, widerstreitende Deutungen des bürgerlichen Gesetzes der Gleichheit sichern. Das Recht muss seine Herrschaft gegen die Möglichkeit des Außerrechtlichen oder Nichtrechts sichern, die sie selbst hervorgebracht hat und mit jedem seiner Akte reproduziert. Das verlangt nicht nur die Gewalt als Mittel – wie sie gegen „gewöhnliche" Bürger eingesetzt werden muss, die die höheren Einsichten der richtenden Besten nicht nachvollziehen können oder wollen. Die Sicherung der Herrschaft des Rechts gegen die Möglichkeit des Außerrechtlichen ist *in seinem Wesen*, durch und durch, Gewalt. Denn das Verhältnis zwischen Recht und Nichtrecht ist kein normatives und daher auch kein kognitives. Es ist ein Gegensatz, der durch keine Einsicht überbrückt und durch keine Gründe vermittelt werden kann. Es ist ein Verhältnis bloßer Durchsetzung – bloßer Gewalt.[25]

6. Der Fluch der Autonomie (*König Ödipus*)

Es gibt vielleicht keinen Text, der die Äußerlichkeit des Rechts grundsätzlicher durchdacht hat, als Sophokles' Ödipus-Tragödie. Denn indem Sophokles die unerbittliche Logik vorführt, mit der der Richter Ödipus die Gewalt des Rechts gegen sich selbst richtet, zeigt er, dass das ins Recht eingeschriebene Problem seiner Äußerlichkeit der geschichtlichen Entwicklung des Rechts nur eine Richtung offen lässt: Die Äußerlichkeit des Rechts erzwingt seine immer weiter fortschreitende Verinnerlichung. Das Recht muss das autonome Subjekt hervorbringen. Um seiner Herrschaft willen muss sich das autoritäre Recht in autonomes Recht verwandeln: in ein Recht, das, seinem Begriff nach, jeder selbst auszuüben vermag. Dann, so zeigt *König Ödipus*, wird jeder selbst zu der Instanz, die die Gewalthandlung des Rechts gegen den Rechtlosen als eigene Tat gegen sich selbst richten kann und will.

König Ödipus beginnt damit, dass die Bürger Thebens, die unter der Pest leiden, durch einen Orakelspruch an die alte Praxis der Reinigungsrituale erinnert werden, in denen eine „Befleckung" durch Opferung gesühnt wurde. „Phoibos, der Herr", sagt der als Bote nach Delphi geschickte Kreon, „gebietet uns in seinem Glanz, / Den Frevel, der dieser Erde entsprossen ist, aus diesem Lande / Zu verstoßen, damit er nicht ins Unheilbare wachse."[26] In solchen Ritualen herrscht die Gerechtigkeit der Rache: Sie schaffen Gerechtigkeit, indem sie durch Wiederverletzung einen Frevel ausgleichen.[27] Wie Ödipus' Befragung des Kreon über den Sinn dieses Spruchs sofort klarmacht, herrscht in Theben aber schon das Recht. In Theben werden nicht mehr Frevel und Übermaß durch Rache oder Opfer gesühnt, sondern Fälle untersucht und abgeurteilt. Und so erfüllt auch Ödipus den Reinigungsimperativ des Orakels, indem er einen Mordprozess beginnt: „So werde ich es nun sein, der die Sache aufs neue, von ihrem Ursprung her, aufklärt" (*Ödipus*, 132). Ödipus, so glaubt er, kann Richter sein, weil er nicht nur im Lösen komplizierter Rätsel ausgewiesen ist (und dadurch zum König, genauer: zum „Tyrannen" geworden ist, der nicht durch Herkunft, sondern aufgrund seiner Leistungen herrscht), sondern weil er – als Fremder, der mit keinem in der Stadt verwandt ist –, unparteilich, bloß für den Ermordeten, die Stadt und den Gott die Untersuchung führen wird. Das verlangt, wie sich im Folgenden zeigt, die strenge Einhaltung der rechtlichen Verfahrensvorschriften. Auch der Richter Ödipus muss sich, bei all seiner überlegenen Einsicht, daran halten, dass die Feststellung der Tatsachen rechtlich nur durch Anerkennung der Parteien geschehen kann (die vor Gericht das Recht zu Gegenrede und -frage haben – wie es Kreon gegen den selbstherrlichen Ödipus durchsetzt: *Ödipus,* 543f., 574f., 626f.).

Dass in Theben das Recht herrscht, zeigt sich aber ebenso sehr oder noch viel mehr daran, dass sich dort bisher, also jahrzehntelang, niemand um den Mord gekümmert hat, auf den, nach Meinung der Thebaner, der Orakelspruch – der, wie Orakelsprüche das so tun, nur wolkig von irgendeinem „Frevel" redet, „der dieser Erde entsprossen ist" – ja wohl nur hinweisen kann. Man hatte, so die lahme Entschuldigung, mit der Kreon auf Ödipus' Vorhaltung antwortet, einfach Wichtigeres zu tun. An die Stelle des gebietenden Rufs der Rache ist in Theben eine Rechtsordnung getreten, deren Äußerlichkeit manifest ist: Wenn die Rache durchs Recht ersetzt ist, kann man sich auch mal nicht um einen Mord, sondern lieber um die eigene „Not" kümmern. Die Rhetorik der Erinyen, dass vergossenes Blut nach Sühne schreit, erscheint von hier aus bloß als eine peinlich übertriebene – nun ja, Rhetorik.

Dass es so um die Gerechtigkeit stehen muss, wenn durch die Etablierung eines allein auf die Gleichheit der Bürger gegründeten, an ihre Einsicht und in ihre Entscheidung übergebenen Gerichts der Zusammenhang von Gerechtigkeit und Furcht durchtrennt ist, hatten die Erinyen bereits vorhergesagt: Sie hatten vorhergesagt, dass dann gar keine Gerechtigkeit mehr herrschen würde. So ist es in Theben gekommen, wo ein Mord aus Desinteresse ungesühnt bleibt. Damit der Gerechtigkeit Geltung verschafft wird, muss sie mit rechtsexternen Mitteln erzwungen werden: muss ein Orakelspruch sie verlangen und ein König sich der Sache annehmen.

Bereits die allererste Erfahrung, die Ödipus in dem von ihm geführten Rechtsverfahren macht, ist aber, dass auch das allein nichts nützt. Ödipus leiht all seine Herrschermacht seinem Richteramt, nur um die Erfahrung zu machen, dass die Urteilspassivität der Thebaner sich in ihrem Unwillen wiederholt, an dem Verfahren mitzuwirken. Daher muss Ödipus statt des Mordfalls zuerst ein anderes Vergehen verfolgen: Die Zurückhaltung von Wissen, die Nichtbeteiligung am Rechtsverfahren wird zum vorrangigen Gegenstand von Ödipus' Maßnahmen. In einem ersten Schritt verbindet Ödipus seinen ‚Befehl' an Täter, Mitwisser und Zeugen, ihr Wissen preiszugeben, mit dem Versprechen von Straffreiheit oder -minderung und Belohung. Als sei er jedoch von vornherein von der Aussichtslosigkeit dieser Versuche überzeugt, sagt Ödipus daraufhin, was er tun werde, wenn dies alles nicht zum Erfolg führt: Er wird ihnen „gebieten", er wird sie dazu „verdammen", sich selbst aus der religiösen und politischen Gemeinschaft der Stadt auszuschließen. Um das Recht, genauer: die Beteiligung am Rechtsverfahren, durchzusetzen, geht Ödipus vor das Recht auf die Orakelsprache des Rituals zurück, spricht als Richter „priesterlich"[28] und *verflucht* diejenigen, die sich dem Rechtsverfahren zu entziehen, dem Recht unbeteiligt, äußerlich gegenüber zu stehen versuchen, sich selbst dafür mit Ausschluss aus der Bürgerschaft zu bestrafen.*

Ein Fluch ist keine Drohung: Eine Drohung richtet sich an jemanden, der Wünsche und vor allem Ängste hat und Überlegungen anstellt, wie er das Erwünschte erreichen und das Befürchtete abwenden kann. Ein Fluch wirkt auf ganz andere Weise: ohne Vermittlung durch weitere Überlegungen – unmittelbar; ein Fluch ist etwas, das man „erleidet" (*Ödipus,* 251), das einen ereilt. Der Fluch beraubt den, den er trifft, der Subjektivität, die die Drohung voraussetzt. Ein Fluch ist Gewalt in dem eingangs definierten Sinn: weil er „Han-

* „Schweigt ihr jedoch und es wendet jemand aus Furcht / Dieses Wort von einem Freunde ab oder gar von sich selbst, / Was ich dann tun werde, hört dies jetzt von mir: / Diesem Mann, wer er auch sei, gebiete ich, in diesem Land / Wo ich die Gewalt und den Thron innehabe, / Keinen bei sich aufzunehmen und an keinen das Wort zu richten, / Mit keinem sich zu vereinen in den Gebeten an die Götter / Und in den Opferhandlungen, mit keinem das heilige Wasser zu teilen. / Jeden soll er aus seinem Haus verstoßen; dies ist der Frevel, / Der auf uns lastet, wie das pythische Orakel / Des Gottes mir soeben enthüllt hat. / In solcher Weise kämpfe ich im Bündnis / Mit dem Gott und auch mit jenem Mann, der erschlagen wurde. / Den, der es getan hat und der uns verborgen bleibt, mag er es allein / Getan haben oder mit anderen zusammen, diesen Mann verdamme ich / In Grund und Boden: Er soll ein von allen geächtetes Leben fristen. / Und außerdem gelobe ich: Falls er in meinem eigenen Haus / Den Herd mit mir teilt und ich weiß es, / So soll auch ich den Fluch erleiden, den ich soeben gegen jene ausgestoßen habe." (*Ödipus,* 233–251.)

deln durch Handeln eliminiert" (Luhmann). Nur so – scheint Ödipus' Rückgriff auf den Fluch zu sagen – kann das Recht herrschen: indem es seine Subjekte wie einen Fluch erleiden. Die Herrschaft des Rechts unterwirft, indem sie entsubjektiviert. Zugleich aber ist es gerade die *Selbst*verurteilung nach dem Maß des Rechts, die seine Herrschaft mit unwiderstehlicher Fluchgewalt verlangt: Das Recht verflucht zur Selbstverurteilung. Es verflucht dazu, Subjekt des Urteilens zu sein, sich selbst nach dem Maß des Rechts zu beurteilen. Wozu das Recht entsubjektivierend verdammt, ist die rechtsförmige Subjektivierung.

Die Erfahrung des Ödipus, die sich an ihm selbst schlagend bewahrheitet, ist, dass nur so die Gerechtigkeit des Rechts zu herrschen vermag: Soll das Recht gelten, dann kann es nicht allein auf Furcht vor seinen Drohungen setzen. Das war die Antwort des autoritären Rechts, auf das Athene setzte und das schon in Ödipus' Theben nicht mehr funktioniert. Seit seiner Einsetzung droht das Recht der Indifferenz der Außerrechtlichen, der Rechtsfreien zu verfallen, deren Möglichkeit es selbst erst hervorgebracht hat. Ödipus' neue Einsicht ist, dass die Herrschaft des Rechts nur gewährleistet werden kann, wenn sie von innen kommt: wenn sie die Urteilsweise des Rechts als die eigene der ihm unterworfenen Subjekte durchsetzt; wenn in ein und demselben Zug das Recht *und* die Subjekte autonom werden. Es reicht nicht, wenn die Kontrahenten sich, wie in *Die Eumeniden* die Erinyen und Orest, als Parteien redefinieren und sich der Urteilsmacht eines richtenden Anderen unterwerfen. Die Subjektivierung, die die Herrschaft des Rechts erzwingt, muss viel weiter und tiefer gehen: Das Recht herrscht, indem es seine Subjekte zur Autonomie zwingt; das Recht herrscht, indem es durch seinen Fluch erzwingt, dass seine Subjekte sich selbst, frei, nach seinem Gesetz beurteilen. Das ist der „Fluch des Gesetzes", von dem Platon spricht: Der „Fluch des Gesetzes" ist es, dass die Individuen zum Eigenen, zum Selbst des Gesetzes werden. Der „Fluch des Gesetzes", der nach Platon denjenigen trifft, der seine Erfüllung „versäumt" hat;[29] der Fluch also, den das Recht gegen den Außerrechtlichen richtet, erfüllt sich nicht durch autoritäre Herrschaft, sondern durch autonome Selbstbeurteilung. Es ist gerade nicht die Logik der Souveränität (wie Giorgio Agamben sagt), sondern die der *Autonomie*, die die Herrschaftsform des Rechts definiert.[30]

Ödipus verflucht zur Autonomie, um dem Recht Geltung zu verschaffen. Aber der Fluch des Gesetzes zur Autonomie ist kein bloß äußerliches Mittel zu seiner Durchsetzung: Der Fluch des Gesetzes beschreibt nur deshalb die Weise, in der das Recht herrscht, weil er aus der Weise folgt, in der es sich legitimiert. In dem Schritt, den Ödipus mit der Einführung des autonomen über Athenes autoritäres Recht hinaus tut, fallen gewaltbereite Herrschaft und normative Rechtfertigung in eins. Denn das Recht ist gerechtfertigt, weil sein Urteil unparteilich, im Namen der Gleichheit aller Bürger ergeht. Das allein unterscheidet die Gewalt, die mit dem strafenden Urteil des Rechts verbunden ist, von der, die die rächende Wiederverletzung ausübt. Deshalb – diese Konsequenz zieht das autonome

Recht – ist das Urteil des Rechts, im Gegensatz zu dem der Rache, auch dasjenige Urteil, das jede Partei selbst fällen muss, wenn sie sich als eine von zwei Parteien und damit als gleichen Bürger sieht. Das rechtliche Urteil ist das von jedem selbst.* Das Recht verlangt daher von dem, den es beurteilt, ja auch von dem, den es *ver*urteilt, über sich selbst so zu urteilen. Darin, nur darin, besteht die Legitimität des Rechts, die es von der Rache scheidet. Die Einsicht der Ödipus-Tragödie lautet, dass auch die gewaltanwendende Herrschaft des Rechts darin, und nur darin, besteht. Um zu herrschen, muss das Recht nicht neben seinem Rechtfertigungsanspruch zu weiteren Zwangsmitteln greifen. Es muss vielmehr seinen Rechtfertigungsanspruch *als* Gewaltausübung verwirklichen: Es muss in seinem Anspruch, aus dessen Erfüllung es sein Urteil rechtfertigt – dem Anspruch, das eigene Urteil des Beurteilten zu sein –, die Fluchgewalt verändert, ja gesteigert wiederholen, die der vorrechtlichen Gerechtigkeit der Rache ihre Herrschaft sicherte. Die kratische Lehre der Erinyen, dass es für den, der „weder ohne Herrn, noch der Herrn Knecht" ist, keine Gerechtigkeit gibt, ist erst

* Das ist bereits das Rechtsbewusstsein Kreons, wenn er zu Ödipus sagt: „Und dies noch: wenn du mich dann eines gemeinsamen Komplotts mit dem Wunderdeuter / Überführen solltest, so hast du nicht eine Stimme allein, / Um mich hinzurichten; du hättest deren zwei, die meine und die deine." (*Ödipus*, 605–607.) Und es ist auch noch das Rechtsbewusstsein, das der Kurfürst von Brandenburg dem Prinzen von Homburg abfordert, wenn er das Urteil über seinen Ungehorsam in dessen eigene Hände legt: „Wo werd ich / Mich gegen solchen Kriegers Meinung setzen? / Die höchste Achtung, wie dir wohl bekannt, / Trag ich im Innersten für sein Gefühl: / Wenn er den Spruch für ungerecht kann halten / Kassier ich den Artikel: er ist frei!" (Kleist, *Prinz Friedrich von Homburg*, IV.1.)

dann ganz verwirklicht, wenn jeder zu seinem eigenen Herrn und damit zu seinem eigenen Knecht geworden ist. Deshalb erklärt das Recht, seitdem es selbst autonom wurde, die Autonomie des Subjekts zur ersten Rechtspflicht. Das Gebot: Sei autonom; sei eine Person!, steht am Anfang des Rechts.* Da dieses erste Gebot des autonomen Rechts sich aber an einen richtet, der es gar nicht verstehen kann, weil er außerhalb des Rechts steht, ist das Gebot zur Autonomie selbst kein Gebot aus Autonomie: Es ist ein Zwang – ein Imperativ der Herrschaft, ein Fluch; der Rechtfertigungsanspruch des Rechts als Fluch über seinen Subjekten.

Ödipus spricht den Rechtsfluch der Autonomie nur stellvertretend, als Richter, aus: Er verflucht nicht in seinem, sondern im Namen des Rechts. Deshalb gehört die Verpflichtung, den Fluch auch auf sich selbst zu beziehen, von vornherein zu dessen Sinn: „so soll auch ich den Fluch erleiden, den ich soeben gegen jene ausgestoßen habe" (*Ödipus,* 251). Und so wird es dann auch sein: Niemand als Ödipus selbst verurteilt ihn wegen Mordes und Inzests,[31] und niemand als Ödi-

* „Das Rechtsgebot ist daher: *sei eine Person und respektiere die anderen als Personen.*" (Hegel, *Grundlinien der Philosophie des Rechts*, § 36.) – Die *Institutionen* nennen drei grundlegende Rechtsgebote: „Ehrenhaft leben [*honeste vivere*], niemanden verletzten, jedem das Seine gewähren" (*Corpus Iuris Civilis – Die Institutionen*, 1.1.3, S. 2). Das erste wird in der Theorie des autonomen Rechts als Gebot der Autonomie verstanden und zur Grundlage allen Rechts erklärt: „*Sei ein rechtlicher Mensch* (honeste vive). *Die rechtliche Ehrbarkeit* (honestas iuridica) besteht darin: im Verhältnis zu anderen seinen Wert als den eines Menschen zu behaupten, welche Pflicht durch den Satz ausgedrückt wird: ‚Mache dich anderen nicht zum bloßen Mittel, sondern sei für sie zugleich Zweck.' Diese Pflicht wird im folgenden als Verbindlichkeit aus dem *Rechte* der Menschheit in unserer eigenen Person erklärt werden (lex iusti)." (Kant, *Metaphysik der Sitten*, „Allgemeine Einteilung der Rechtspflichten", AB 43.)

pus selbst verurteilt ihn zu Blendung und Exil. Unter der Herrschaft des Rechts muss man sich selbst verurteilen, und diese Selbstverurteilung unter der Herrschaft des Rechts ist ein Fluch. Gerade weil sie eine Verurteilung ist, die man selbst vornimmt, ist sie eine Verurteilung, in der man nicht frei ist, vor allem: *von* der man nicht mehr frei kommt. In der Selbstverurteilung, zu der das Recht verflucht, bleibt man, gerade weil allein man selbst sie sich angetan hat, endlos gefangen; nichts kann sie lösen. In seiner rechtlich auferlegten Selbstverurteilung ist Ödipus gefangen von der Frage seiner Schuld und eingesperrt in das Gefängnis seines Selbstbewusstseins. Das Subjekt macht sich das rechtliche Urteil zueigen und damit sich selbst zum Eigenen des Rechts. Das Subjekt *identifiziert* sich durch sein rechtliches Urteil.

7. Das Schicksal des Rechts (Benjamin 1)

Auch seinem eigenen Begriff nach ist das Recht Gewalt: berechtigte Gewalt. In seinem Urteilen, erst recht seinem Strafen verletzt das Recht den Verletzer. (Wieder-) Verletzung des Verletzers ist die gemeinsame Definition der Gerechtigkeit in Rache und Recht. Nach seinem eigenen Begriff ist das Recht dazu berechtigt, ja verpflichtet, weil es im Namen eines Allgemeinen urteilt und straft, das das eigene des Verurteilten und Bestraften ist. Es ist nicht die Gerechtigkeit als Zustand der Welt (gegen deren Störung durch Handlungen des Übermaßes sich Rache und Opfer richten), sondern als Gleichheit der Bürger, in deren Namen das Recht urteilt und straft. Das Recht – auch schon das autoritäre – verletzt den Verletzer in seinem eigenen Namen:* in seinem eigenen Namen als gleicher Bürger.

Es ist von Anfang an eine Grundschwierigkeit des Rechts, diese legitimatorische Formbehauptung zur Erscheinung zu bringen und damit erfahrbar zu machen. Wie soll man es der Gewalt der Verletzung, die das Recht ausübt, ansehen, dass sie berechtigt ist, weil sie im eigenen Namen des Verletzers erfolgt? Mindestens dadurch – lautet die naheliegende Antwort des autonomen Rechts[32] –, dass es auf einige Mittel der Prozessführung (wie die Folter) verzichtet und „grausame und unübliche" Strafen nicht mehr verhängt. Aber nicht nur, wo die Grenze zu ihnen liegt (und ob etwa die Todesstrafe dazu gehört), bleibt umstritten: Auch eine noch so liberale, humanitäre Strafrechtsreform kann an dem grundsätzlichen Zweifel, ob die Wiederverletzungen des Rechts im Namen der politischen Gleichheit berechtigt sind oder aber in Wahrheit die Herrschaft bestehender sozialer, ökonomischer Ungleichheiten exekutieren, nichts ändern. Der Formunterschied des Rechts, in dem allein seine Legitimität beruht, kann immer als ein *bloß* formaler wahrgenommen werden, das Recht stets als Klassen- oder Siegerjustiz erscheinen.

* Hegels bekannte Behauptung, die strafende „Verletzung, die dem Verbrecher widerfährt", sei „auch ein Recht an den Verbrecher selbst", also „sein eigenes Recht" (Hegel, *Grundlinien*, § 100, S. 190f.), ist keine exzentrische Übertreibung, sondern folgt aus dem Legitimitätsanspruch des Rechts.

Wie Walter Benjamin scharf bezeichnet hat,[33] krankt die Kritik an der Gewalt des Rechts, die seiner Erscheinung, mithin seinen Mitteln gilt, jedoch an einer von zwei Schwächen: Sie muss entweder „einen geradezu kindischen Anarchismus proklamieren", der „keinerlei Zwang der Person anerkennt, und erklärt ‚Erlaubt ist was gefällt'" (*Kritik*, S. 187). Eine solche Kritik der Gewaltmittel des Rechts erfolgt „im Namen einer gestaltlosen ‚Freiheit'" (ebd.), der jede Einschränkung, ja Bestimmung als gewaltsame Beraubung und Verletzung erscheint; das trifft nach Benjamin jedoch nicht einmal auf die Todesstrafe zu. Oder die Kritik der Gewaltmittel des Rechts muss im Namen des gerechten Zwecks des Rechts erfolgen. Dazu muss der Rechtszweck der Gerechtigkeit von den Gewaltmitteln des Rechts unterschieden werden – so dass von jenem Zweck aus diese Mittel ebenso gerechtfertigt wie begrenzt werden können.

Die zweite Form der Kritik der Gewalt – die Kritik, also zugleich die Rechtfertigung und die Begrenzung der Gewalt als Mittel im Namen der Gerechtigkeit als ihrem Zweck – ist die Denkweise, in der nach Benjamin Naturrecht und Positivismus übereinstimmen. Sie stimmen überein in dem „gemeinsamen Grunddogma: Gerechte Zwecke können durch berechtigte Mittel erreicht, berechtigte Mittel an gerechte Zwecke gewendet werden" (*Kritik*, S. 180). Wenn Benjamin dagegen einwendet, dass „berechtigte Mittel einerseits und gerechte Zwecke in unvereinbarem Widerstreit liegen" (*Kritik*, S. 181), so geht es in diesem Einwand nicht mehr um die gewaltsame Erscheinung des Rechts – nicht mehr also um die Mittel des Rechts, deren Gewaltsamkeit die Gerechtigkeit ihres Zwecks verdrängt. Benjamin weist vielmehr die Logik von Zweck und Mittel zurück, in der die Legitimation der Form und die Kritik der Erscheinung des Rechts übereinstimmen: In dieser Logik kann die Gewalt des Rechts gar nicht begriffen werden. Die Gewalt des Rechts ist kein Mittel, wie gerecht auch immer ihr Zweck sei. Oder: Die Gewalt des Rechts, die in Wahrheit der Kritik bedarf, liegt nicht in seinen Mitteln – nicht darin, dass auch das Recht einschränkt, droht und verletzt. Die Gewalt des Rechts ist vielmehr „schicksalhaft gekrönte Gewalt" (*Kritik*, S. 188). Das heißt, die Gewalt des Rechts besteht darin, als – *wie* das – Schicksal zu wirken. Ein anderes Wort Benjamins dafür ist: Das Recht ist „mythische" Gewalt (*Kritik*, S. 198f.).

Das erläutert Benjamin in einer zentralen Formulierung seines Textes so: „Die Funktion der Gewalt in der Rechtsetzung ist nämlich zwiefach in dem Sinne, dass die Rechtsetzung zwar dasjenige, *was* als Recht eingesetzt wird, als ihren Zweck mit der Gewalt als Mittel erstrebt, im Augenblick der Einsetzung des Bezweckten als Recht aber die Gewalt nicht abdankt, sondern sie nun erst im strengen Sinne und zwar unmittelbar zur rechtsetzenden macht, indem sie nicht einen von Gewalt freien und unabhängigen, sondern notwendig und innig an sie gebundenen Zweck als Recht unter dem Namen der Macht einsetzt. Rechtsetzung ist Machtsetzung und insofern ein Akt von unmittelbarer Manifestation der Gewalt. Gerechtigkeit ist das Prinzip aller göttlichen Zwecksetzung, Macht das Prinzip aller mythischen Rechtsetzung" (*Kritik*, S. 197f.).

Nicht dass Recht mit Gewalt ein- und durchgesetzt wird; nicht also dass das Recht überhaupt Gewalt als Mittel anwendet, ist das Problem des Rechts und der Legitimation seiner Gewalt. Sondern dass die Gewalt im Recht nicht, wie etwa in der Technik, ein bloßes Mittel *bleiben* kann, dass sie „nicht abdankt", sondern zum geheimen Zweck des Rechts selbst wird.* Die Gewalt des Rechts, die deshalb „schicksalhaft" heißt, besteht nach Benjamin darin, dass seine Gewaltmittel seine gerechten Zwecke verschwinden lassen, weil seine Selbsterhaltung zum einzigen Zweck des Rechts wird. Dem Recht geht es um bloße Macht; aber nicht um die der herrschenden Klasse oder des Siegers, sondern um *seine* Macht: die Macht des Rechts. Die „schicksalhafte" Gewalt des Rechts ist die seiner bloßen Selbsterhaltung.

Daran ist zweierlei für die Klärung des Verhältnisses von Recht und Gewalt festzuhalten. – *Erstens* muss zwischen zwei Verwendungen des Gewaltbegriffes unterschieden werden. Von „Gewalt" ist für gewöhnlich die Rede, um eine behindernde oder verletzende Wirkungsweise von Handlungen zu bezeichnen.[34] Es ist offensichtlich, dass das Recht sich solcher Handlungsweisen bedient. Das folgt aus seinem politischen Herrschaftscharakter, denn Herrschaft ist auf Gewalt als „symbiotischen Mechanismus" (Luhmann) angewiesen. Die verletzende Gewalt des Rechts ist beklagenswert, denn sie macht leiden. Sie kann aber, nach Ben-

* Die Gewalt, die „nach Vernichtung aller Gegner nicht abdankt", wird zum Terror. (Arendt, *Macht und Gewalt*, S. 56.)

jamins Überzeugung sogar als Gewalt gegen das Leben, berechtigt sein. Dagegen ist das Recht als mythische, schicksalhafte Gewalt immer verwerflich. In dieser Verwendung bezeichnet der Begriff der Gewalt nicht die verletzende Wirkungsweise rechtlicher Akte, die sich im Urteilen und Strafen besonders markant zeigt, sondern deren Operationsweise: Die mythische oder schicksalhafte Gewalt des Rechts besteht darin, dass die Akte rechtlichen Urteilens und Strafens auf keinen anderen Zweck hin durchsichtig sind als auf die bloße Erhaltung der Macht des Rechts zum Urteilen und Strafen. „Gewalt“ im zweiten Sinn des Wortes – der den eigentlichen Gegenstand der Kritik bildet – bezeichnet ein Operieren, dem es um es selbst geht; ein Operieren mithin, in dem Zweck und Mittel zusammenfallen. Darin liegt nach Benjamin die Verwerflichkeit der Gewalt des Rechts: nicht darin, dass auch das Recht droht, verletzt und zwingt, sondern dass (oder wenn) das Recht so vollzogen wird, dass es bloß um seiner selbst willen, um der Erhaltung seiner Ordnung, der Etablierung und Durchsetzung seiner Kategorien, Perspektive und Sprache – um seiner bloßen Macht willen wirkt. Ein solches Operieren, dem es bloß um seine Macht zu operieren geht, muss, wie die des Schicksals, endlos weitergehen.

Zweitens erläutert Benjamin die gewaltsame, schicksalhafte Operationsweise des Rechts als Wiederholung der Rechtsetzung in der Rechtserhaltung. In den Akten der Rechtserhaltung wird die Gerechtigkeitsperspektive des Rechts, die Gleichheit der Bürger, in Gesetzen bestimmt und in Urteilen angewandt. Mit dem Ausdruck „Rechtserhaltung" bezeichnet Benjamin die normative Durchführung des Rechts. Es gibt nach Benjamin aber keine Rechtserhaltung, in der sich nicht die „Ursprünge" des Rechts ins Recht einschreiben: In der Rechtserhaltung vollzieht sich stets eine „Wiederholung" der ursprünglichen Rechtsetzung; es geht in der Rechtserhaltung niemals allein um die Formulierung oder Anwendung dieses oder jenes Gesetzes, sondern um die Bekräftigung des „Rechts selbst". Darin – darin, dass eine solche Bekräftigung des „Rechts selbst" immer weiter und wieder nötig ist – kündigt sich nach Benjamin das „Morsche" des Rechts an (*Kritik*, S. 188): Das Recht ist „morsch", weil es „Gewalt" im erläuterten zweiten Sinn des Wortes ist – weil es seine Einsetzung in seiner Durchführung endlos wiederholen muss. Der Grund dafür liegt bereits in der Logik, die die Einsetzung des Rechts regiert: Die Einsetzung des Rechts ist seine Entgegensetzung zum Außerrechtlichen oder Nichtrecht (das Benjamin als „bloßes Leben" beschreibt: Leben außerhalb des Rechts: *Kritik*, S. 199f.). Weil das Recht diesen Gegensatz von Recht und Außerrechtlichem oder Nicht-Recht, von gesetzlichem und „bloßem" Leben selbst setzt, bleibt es in diesem Gegensatz gefangen. Die Durchsetzung des Rechts gegen das Nichtrecht kann niemals gelingen, weil das Recht in seinem Durchsetzen das, wogegen es sich richtet, selbst hervorbringt. Das Recht kann mithin niemals bloß erhaltend sein und nach seiner normativen Logik verfahren, sondern muss seine Macht stets wieder, diesseits jeder Normativität, dem Außerrechtlichen entgegensetzen. Das Recht kann den Akt seiner Einsetzung nicht hinter sich lassen. Ihn endlos wiederholen zu müssen ist das Schicksal oder die Gewalt des Rechts.

***

(1) Die Gewalt des Rechts besteht im endlosen Wiederholenmüssen seiner gewaltsamen Durchsetzung gegen das Außerrechtliche. Die Gewalt des Rechts ist nicht einfache, sondern potenzierte Gewalt: die Gewalt der Gewalt; die Gewalt der Wiederholung der Gewalt. (2) Die Gewalt des Rechts gründet darin, dass das Recht sich gegen das Nichtrecht durchsetzen muss. Gegen das Nichtrecht kann sich das Recht nur überwältigend und verletzend, nicht überzeugend und rechtfertigend durchsetzen. Und gegen das Nichtrecht muss sich das Recht immer wieder und weiter durchsetzen, weil es das Nichtrecht, gegen das es sich durchsetzt, sich selbst voraussetzt.

So lauten die beiden zentralen Thesen von Benjamins Rechtskritik. Die Tragödienerfahrung des Rechts, in der Schrittfolge von der Rache über das autoritäre zum autonomen Recht, fügt dieser Doppelthese zwei Einsichten hinzu. Die erste Einsicht lautet, dass die Hervorbringung des Nicht- oder Außerrechtlichen durch das Recht unmittelbar aus seinem politisch-prozeduralen Charakter folgt: Weil das Recht mit der Gewalt der rächenden Wiederholung durch seine Prozedur der Gleichheit bricht; und weil diese rechtliche Prozedur der Gleichheit Ausdruck einer Politik der Gleichheit ist; weil also die prozedurale Gleichheit, die das Rechtsverfahren zwischen den Parteien gewährleistet, in der politischen Gleichheit der Bürger gründet, in deren Namen der Richter urteilt; weil mithin die Gerechtigkeit des Rechts sich der politischen Einheit verdankt, die, als gemachte, im Unterschied zu dem steht, was nicht zu ihr gehört – deshalb muss sich das Recht stets wieder, gewaltsam, gegen das Außerrechtliche oder Nichtrecht durchsetzen. Seinem politisch-prozeduralen Charakter verdankt das Recht aber seine Legitimität gegenüber der Gewalt der Rache. Also sind die Gewalt und die Legitimität des Rechts unmittelbar miteinander verknüpft. Es ist dieselbe Struktur, in der sie gründen.

Und die zweite Einsicht, die die Tragödienerfahrung der Benjaminschen Doppelthese zur Gewalt des Rechts – der These von der Rechtsgewalt als („schicksalhafter") Gewalt der Gewalt – hinzufügt, lautet, dass die Einheit von Legitimität und Gewalt, die das Recht ausmacht, ihre vollendete Gestalt in der Figur der Subjektivität gewinnt, zu deren Ausbildung das autonome Recht seine Adressaten verflucht.

II. DIE ENTSETZUNG DES RECHTS

1. Die Entsetzung des Rechts (Benjamin 2)

Benjamins Begriff der schicksalhaften Gewalt verhilft zu einer genaueren Bestimmung der Tragödienerfahrung des Rechts; denn er zeigt, worin die Gewalt des Rechts jenseits seiner Erscheinung als Beschränkung und Verletzung besteht. Aber das gilt auch umgekehrt: Die Tragödienerfahrung des Rechts verhilft zu einer genaueren Bestimmung von Benjamins Begriff der schicksalhaften Gewalt. In der „schicksalhaft gekrönten Gewalt" sieht Benjamin, was das Recht mit der Gerechtigkeit der Rache (und ihrem fluchhaften Wirken), die dem Recht vorhergeht und die es abzulösen verspricht, *teilt*. Darauf zielt Benjamins „geschichtsphilosophische" Betrachtung des Rechts („Die Kritik der Gewalt ist die Philosophie ihrer Geschichte" [*Kritik*, S. 202]): Sie soll zeigen, dass der Anspruch des Rechts, das Andere von Rache und Fluch zu sein, bloßer Schein ist. Das Recht ist nicht das Andere des Schicksals; das Recht ist nur eine weitere Periode im Zeitalter seiner Herrschaft. Der zentrale kritische Begriff in Benjamins Betrachtung – der Begriff des Mythischen oder Schicksalhaften – kann und soll auch nicht den Formunterschied zwischen Rache und Recht erfassen. Recht und Rache sind für Benjamin *gleichermaßen* schicksalhaft.

Die Tragödie dagegen beginnt mit ihrer Unterscheidung: mit der Hervorbringung des Rechts *gegen* die

Gewalt der Rache. Wenn die Tragödie danach zeigt, dass das Recht in seinem Wesen Gewalt ist, dann zielt dieser Aufweis nicht auf seine einfache Identität mit der alten Ordnung der Rache, sondern auf die Paradoxie, die das Recht ausmacht – prozessual gesprochen: auf den Umschlag ins Gegenteil, der sich im Recht vollzieht.[35] Das Recht bricht mit der fluchhaften Wirkung der rächenden Gerechtigkeit, in der jede Verletzung durch eine Wiederverletzung beantwortet werden muss, indem es eine neue Form des Urteilens etabliert: das unparteiliche Urteilsverfahren im Namen der Gleichheit der Bürger. Aber diese neue Weise des Urteilens herrschst selber mit der Gewalt des Fluchs. Das Recht, so die Erfahrung der Tragödie, *ist* also nicht wie die Rache schicksalhafte Gewalt; das Recht ist zugleich der Bruch mit der schicksalhaften Gewalt *und* die Wiederkehr der schicksalhaften Gewalt (in anderer Gestalt und an anderem Ort: in der Gestalt und am Ort des Subjekts).[36]

Damit verschärft die Erfahrung der Tragödie das Problem, wie es eine Kritik der Gewalt des Rechts überhaupt geben kann. „Kritik" ist nach Benjamin der Name für die „scheidende und entscheidende Einstellung" (*Kritik*, S. 202). Kritisch „geschieden" werden sollen die schicksalhafte Gewalt, die sich endlos fortsetzt und wiederholt, und eine Wirkungsweise (oder „Gewalt"), die mit dem Schicksal bricht, weil sie sich in ihrem Ziel aufhebt. Im Recht, so zeigt es die Tragödie, sind beide, der Bruch mit dem Schicksal und der Umschlag ins Schicksal, jedoch paradox miteinander verklammert: Im Recht geschieht der Bruch mit der schicksalhaften Gewalt der Rache durch die Etablierung der neuen politisch-prozeduralen Urteilsform, die selbst wieder schicksalhaft, durch den Fluch der Selbstverurteilung, herrscht. Die „scheidende und entscheidende Einstellung" der Kritik kann daher gegenüber dem Recht nicht eingenommen werden: *Im Recht* lassen sich der Bruch mit dem und der Umschlag ins Schicksal nicht trennen. Der rechtliche Bruch mit der schicksalhaften Gewalt und der rechtliche Umschlag in schicksalhafte Gewalt gründen in ein und demselben, der rechtlichen Urteilsform. Dieser Zusammenhang, den die Tragödie entfaltet, macht es unmöglich, zwischen der Zustimmung zum Recht und seiner Ablehnung, zwischen der Errichtung des Rechts und seiner Zerstörung zu entscheiden. Beide Einstellungen verdrängen eine der beiden paradoxal verklammerten Seiten: Die Zustimmung zum Recht verdrängt den Fluch der Selbstverurteilung, den die Einsetzung der politisch-prozeduralen Urteilsform des Rechts verhängt; die Ablehnung des Rechts verdrängt, dass die neue politisch-prozedurale Urteilsform des Rechts preiszugeben nichts anderes als einen Rückfall in die Ordnung der Rache bedeutet.

Benjamins Alternative zu Zustimmung oder Ablehnung, Errichtung oder Zerstörung lautet „Entsetzung des Rechts": „Auf der Durchbrechung dieses Umlaufs im Banne der mythischen Rechtsformen, auf der Entsetzung des Rechts samt der Gewalten, auf die es angewiesen ist wie sie auf jenes, zuletzt also der Staatsgewalt, begründet sich ein neues geschichtliches Zeitalter" (*Kritik*, S. 202).

Benjamin formuliert dieses Programm der „Entsetzung des Rechts“ im Schlussabsatz seiner Abhandlung. Hier scheint Benjamin auch – unter den Titeln „göttliche“ oder „reine“ oder „revolutionäre“ Gewalt – eine Handlungs- oder Wirkungsweise zu skizzieren, die, im Gegensatz zum Recht, so mit der Gewalt des Schicksals zu brechen versteht, dass diese Gewalt nicht in veränderter Gestalt wiederkehrt. Damit reformuliert Benjamin die Idee der Kritik auf einer höheren Ebene. Das wäre eine Kritik des Rechts, die nicht zwei Seiten im Recht voneinander scheidet, sondern die uns *vom* Recht scheidet. Aber der Preis dieser höheren Kritik ist eben der falsche, identitäre Begriff des Rechts, der es mit der Gewalt der Rache gleichsetzt; ein Begriff des Rechts also, der es als *bloße* Wiederholung oder Fortsetzung schicksalhafter Gewalt versteht. Das Recht enthält jedoch selber bereits den Bruch mit der schicksalhaften Gewalt (in die es zugleich zurückfällt). Auch die höhere Kritik, die Benjamins Titel der „göttlichen“ oder „reinen“ oder „revolutionären“ Gewalt ankündigen, indem sie eine Scheidung vom Recht versprechen, muss daher die Paradoxie auflösen, in deren Entfaltung die Tragödienerfahrung des Rechts besteht. Denn nach der Tragödienerfahrung des Rechts vollzieht nicht nur *schon* das Recht den Bruch mit der schicksalhaften Gewalt, sondern kann der Bruch mit der schicksalhaften Gewalt deshalb auch *nur durch* das Recht *hindurch* erfolgen.[37]

Aber Benjamins Programm einer „Entsetzung“ des Rechts kann anders gelesen werden als im Sinn einer kritischen Scheidung – sei es im oder vom Recht. Das zeigt sich, wenn man Giorgio Agambens Einsicht folgt, dass der wahre Gegner von Benjamins Idee der „Entsetzung" des Rechts Carl Schmitts ideologisches Programm seiner „Suspendierung" ist, mit dem Benjamins Idee von vielen Kommentaren (und in den meisten Übersetzungen) verwechselt wird: „Entsetzung" ist das *Gegen*programm zur Forderung nach einer „Suspendierung" des Rechts.[38] Unter „Suspendierung" des Rechts versteht Schmitt, dass „im Ausnahmefall die Norm vernichtet" wird. Die Rechtsanwendung (oder, mit Benjamin, die „Erhaltung" des Rechts) wird unterbrochen und an ihre Stelle tritt die normfreie Rechtsetzung durch eine „absolute" Entscheidung.* Was Schmitt als „Suspendierung" des Rechts beschreibt (und legitimiert, ja propagiert), ist also genau derjenige Rückgang von der Rechtserhaltung zur Rechtsetzung, in dessen unaufhörlicher Wiederholung Benjamin das „Morsche" des Rechts sieht.[39] Die „Entsetzung" des Rechts, von der Benjamin spricht, ist dagegen die „Durchbre-

* „[N]icht jede außergewöhnliche Befugnis, nicht jede polizeiliche Notstandsmaßnahme oder Notverordnung ist bereits Ausnahmezustand. Dazu gehört vielmehr eine prinzipiell unbegrenzte Befugnis, das heißt die Suspendierung der gesamten bestehenden Ordnung. Ist dieser Zustand eingetreten, so ist klar, daß der Staat bestehen bleibt, während das Recht zurücktritt. Weil der Ausnahmezustand immer noch etwas anderes ist als eine Anarchie und ein Chaos, besteht im juristischen Sinne immer noch eine Ordnung, wenn auch keine Rechtsordnung. Die Existenz des Staates bewährt hier eine zweifellose Überlegenheit über die Geltung der Rechtsnorm. Die Entscheidung macht sich frei von jeder normativen Gebundenheit und wird im eigentlichen Sinne absolut. Im Ausnahmefall suspendiert der Staat das Recht, kraft eines Selbsterhaltungsrechtes, wie man sagt. Die zwei Elemente des Begriffes ‚Rechts-Ordnung' treten hier einander gegenüber und beweisen ihre begriffliche Selbständigkeit. So wie im Normalfall das selbständige Moment der Entscheidung auf ein Minimum zurückgedrängt werden kann, wird im Ausnahmefall die Norm vernichtet." (Schmitt, *Politische Theologie*, S. 18f.)

chung dieses Umlaufs" zwischen Rechtserhaltung und Rechtsetzung, des „Schwankungsgesetzes", das sie verbindet. Während Schmitt durch Suspendierung des Rechts die rechtsetzende Gewalt von jeder Norm freisetzen will, sieht Benjamin genau darin, in der Wiederholung der rechtsetzenden Gewalt, die schicksalhafte Notwendigkeit, die das Recht regiert. Diesen mythischen Kreislauf, in den die Suspendierung des Rechts eingeschrieben ist, soll die Entsetzung des Rechts unterbrechen.

***

Der Ausdruck „Entsetzung" hat eine Geschichte ebenso speziell rechtstechnischer wie rechtsunspezifischer Verwendungen. In beiden Feldern verbindet der Ausdruck zwei verschiedene Bedeutungskomplexe. Zur ersten Bedeutung gehört: „Enthebung (von einem Amt), Absetzung", „Verlust, Aberkennung (der Ehre)" und, allgemeiner, „entsetzung eines edlen zů einem unedlen". Als zweite Bedeutung vermerkt Grimms *Deutsches Wörterbuch* die Aufhebung einer militärischen Besetzung oder Befreiung einer Stadt („*liberatio urbis*").[40] „Entsetzung" des Rechts heißt daher zugleich seine Absetzung und seine Freisetzung. Während bei Schmitt die Suspendierung des Rechts die Macht des Staates zumindest temporär von den Regulierungen und Schranken des Rechts freisetzen soll, zielt Benjamins Entsetzung auf eine Entmächtigung des Rechts, die nichts weniger als eine *Befreiung des Rechts* bedeutet. Genauso spricht Benjamin nicht, wie Schmitt, davon, dass die Norm des Rechts vernichtet werden soll, sondern seine „geschichtliche Funktion“ (*Kritik*, S. 199). Diese geschichtliche „Funktion der Gewalt in der Rechtsetzung“ ist – so lautet Benjamins zentrale These (siehe oben, S. 52) – die „Machtsetzung“, und „Macht das Prinzip aller mythischen Rechtsetzung“. Während Schmitt das Recht um der Macht des Staates willen suspendieren will, verlangt das Recht zu „entsetzen“ es so zu vollziehen, dass das Recht von seinem Amt abgesetzt, seine historische Funktion der Machtsetzung vernichtet und es dadurch befreit wird. – Gibt es eine solche Vollzugsweise des Rechts?

2. Selbstreflexion des Rechts

Die Frage lässt sich auch so stellen: Wie weit in der begrifflichen Konstruktion des Rechts muss man zurückgehen, um die Möglichkeit seiner anderen Vollzugsweise zu erschließen? Die Antwort kann nur lauten: bis zum Anfang des Rechts (also nicht *vor* den Anfang[41]). Der Anfang des Rechts besteht nach der Einsicht der Tragödie darin, eine prozedurale Urteilsform einzusetzen, die das rechtliche Urteilen an ein politisches Subjekt – den Richter, der im Namen der Gleichheit der Bürger spricht – bindet. Von Anfang an steht das Recht damit im Unterschied zum Außer- oder Nichtrechtlichen. Um zu gelten, muss das Recht daher nicht nur die eine autoritative Deutung gegen andere, abweichende Deutungen durchsetzen. Das Recht muss sich vielmehr gegen Einstellungen und

Verhaltensformen durchsetzen, die rechtlos oder rechtsfrei sind: Einstellungen und Verhaltensformen, die sich gar nicht an der Idee des Rechts ausrichten. Diesen gegenüber kann das Recht nicht mit der normativen Macht der Überzeugung und Rechtfertigung auftreten, sondern nur mit der Gewalt seiner Durchsetzung durch Drohung, Einschränkung und Verletzung. Durch seine politisch-prozedurale Urteilsform – die im Namen der Gleichheit mit der Gewalt der Rache bricht – steht das Recht von Anfang an vor einer unlösbaren Aufgabe: Das Recht muss nicht nur dieses oder jenes Gesetz, es muss das Gesetz des Gesetzes, nicht nur diese oder jene Norm, sondern die Normativität der Norm selbst gegen das Gesetzlose und Normfreie sichern. Um diese unlösbare Aufgabe zu lösen, muss das Recht sich stets wieder „suspendieren" (Schmitt). Denn es muss „erst die Situation geschaffen werden [...], in der Rechtssätze gelten können."[42] Die Suspendierung des Rechts ist die Weise seiner Herrschaft – als gewaltsame Herrschaft über das Außer- oder Nichtrechtliche. Die Entsetzung des Rechts dagegen ist die Entsetzung *von* seiner Suspendierung: Die Entsetzung des Rechts besteht in einer Vollzugsweise des politisch-prozeduralen Urteilens, die befreit ist von seiner gewaltsamen Herrschaft über das Außer- oder Nichtrechtliche.

Auf die Frage, wie das möglich ist, gibt es eine regressive und eine reflexive Antwort. Die regressive Antwort lautet: Aufhebung der Differenz von Recht und Nichtrecht, Versöhnung des Rechts mit dem Nichtrechtlichem. Diese Antwort hat ihr Modell in einem teleologischen (oder „ästhetischen“) Konzept der Erziehung: Gemäß der regressiven Antwort wird die Gewalt des Rechts durch Erziehung überwunden. Denn weil es der Erziehung um die „Seele des Lebendigen“ geht, so auch noch Benjamin (*Kritik*, S. 200), bedeutet sie die „Abwesenheit jeder Rechtsetzung“. Die Erziehung beendet die Gewalt des Rechts, weil sie das „bloße“, dem Recht und aller Normativität äußerlich gegenüberstehende in beseeltes, damit geformtes Leben verwandelt. Und „mit dem bloßen Leben hört die Herrschaft des Rechts über den Lebendigen auf“ (*Kritik*, S. 200).[43] Mit der paideischen Aufhebung der gewaltsamen Herrschaft des Rechts verschwindet aber auch das Recht. Denn es verschwindet damit der politische Charakter des Urteilens: Im teleologischen (oder ästhetischen) Konzept der Erziehung wird die Polis zur zweiten Natur, der nichts Äußeres mehr gegenübersteht. Tritt die Erziehung an die Stelle des Rechts, dann verschwindet mit der Gewalt des Rechts auch die politische Differenz, die Differenz des Politischen von seinem Anderen („Natur“) – ja, es verschwindet das Politische selbst, an dessen Entstehung der Bruch des Rechts mit der subjektlos-mythischen Gerechtigkeit der Rache gebunden war.

Die regressive Antwort fordert, das Recht von seinem Unterschied zum Außer- oder Nichtrechtlichen zu befreien. Denn weil dieser Unterschied die Spalte ist, durch die die schicksalhafte Gewalt ins Recht eindringt, kann die Gewalt des Rechts nur überwunden werden – so lautet das Argument dieser Antwort –, wenn sein Unterschied vom Nichtrechtlichen aufgehoben wird. Die reflexive Antwort dagegen fordert, nicht das Recht *von* seinem Unterschied, sondern diesen Unterschied selbst zu befreien; also den Unterschied des Rechts vom Nichtrechtlichen nicht durch Erziehung aufzuheben, sondern, im Gegenteil, diesen Unterschied zu entfalten. Das heißt gemäß der zweiten, reflexiven Antwort „Entsetzung des Rechts": „Entsetzung" bedeutet, den Unterschied des Rechts vom Nichtrechtlichen von der Herrschaft des Rechts über das Nichtrechtliche zu befreien. Die Möglichkeit einer anderen Vollzugsweise des rechtlichen Urteilens liegt nicht darin, den Unterschied des Rechts vom Nichtrechtlichen durch Erziehung zu überwinden, sondern diesen Unterschied nicht-kratisch, nicht-gewaltsam zu verwirklichen.

Diese zweite Antwort auf die Frage nach einer anderen Vollzugsweise des rechtlichen Urteilens ist „reflexiv", weil sie allein durch die Selbstveränderung des Rechts verwirklicht wird: durch ein Recht, das sich im Unterschied vom Nichtrechtlichen reflektiert; durch ein selbstreflexiv gewordenes Recht. Wenn die „Entsetzung" des Rechts nicht regressiv die Möglichkeit des Rechts unterlaufen (und damit seinen Bruch mit der Gewalt der Rache aufs Spiel setzen) soll, dann kann sie nur die Form einer Selbstreflexion des Rechts im Unterschied vom Nichtrechtlichen annehmen. „Selbstreflexiv" heißt hier daher nicht ein Recht, das sich aus sich selbst begründet, sondern das sich unterscheidet und an dem von ihm unterschiedenen Nichtrechtlichen begrenzt. Das selbstreflexive Recht ist mithin nicht vom Nichtrechtlichen unterschieden, es steht nicht bloß im Unterschied, sondern es *vollzieht* seinen Unterschied vom Nichtrechtlichen als seine eigene Operation der Unterscheidung. Die Selbstreflexion des Rechts besteht darin, die Entgegensetzung des Rechts zum Nichtrechtlichen, durch die sich das Recht hervorbringt, im Recht zu wiederholen; das selbstreflexive Recht „weiß“ – was das nichtreflexive, „normalbetriebliche“, gewöhnliche Recht beständig vergisst –, dass es selbst durch seine Unterscheidung das Nichtrechtliche, gegen das es sich durchsetzen muss, erst hervorgebracht hat. Das selbstreflexive Recht enthält daher in sich das Nichtrechtliche, von dem es sich unterscheidet. Das selbstreflexive Recht ist paradoxal verfasst: Es enthält *in sich* sein *Anderes*. Doch durch diese Paradoxie löst sich das selbstreflexive Recht nicht auf; es besteht vielmehr nur in deren Vollzug oder Durchführung.

Wie aber kann das Recht sein Anderes, das Nichtrechtliche als den „infiniten Raum der Andersheit“[44] in sich enthalten? Wird das Außerrechtliche damit nicht zu einer innerrechtlichen Bestimmung und damit wieder zum Eigenen des Rechts? Und wie vollzieht sich in der Selbstreflexion des Rechts seine „Entsetzung“: die Befreiung des Rechts von seiner eigenen Herrschaft über das Nichtrechtliche?

3. Die Freigabe des Rechtlosen (*Der Zerbrochne Krug*)

Es ist ein Akt der „Entsetzung", genauer: ein Akt doppelter Entsetzung, durch den Kleists „Lustspiel" vom „zerbrochnen Krug" den Bruch mit der Tragik seiner Vorlage, Sophokles' *König Ödipus*, besiegelt und auf das glückliche Ende einer Komödie zusteuert.[45] Nachdem die Schuld des Richters Adam – aber nicht, wie im *Ödipus*, durch ihn selbst und auch nicht in einem rechtlichen Verfahren, sondern nach dessen Ende – offensichtlich geworden ist, setzt dieser sogleich in die Tat um, was Ödipus ankündigt: Adam flieht aus der Stadt (die hier allerdings nur ein Dorf bei Utrecht ist). Der hämischen Freude, mit der die Zurückgelassenen die Flucht Adams kommentieren, begegnet Walter mit einer Geste, die ebenso rechtlich uneindeutig ist – ist sie Urteil, Maßnahme oder Gnade? –, wie sie die Geschichte entscheidend wendet:

> WALTER: Geschwind, Herr Schreiber, fort!
> Holt ihn zurück!
> Dass er nicht Übel rettend ärger mache.
> Von seinem Amt zwar ist er suspendirt,
> Und euch bestell' ich, bis auf weitere
> Verfügung, hier im Ort es zu verwalten;
> Doch sind die Cassen richtig, wie ich hoffe,
> Zur Desertion ihn zwingen will ich nicht.
> Fort! Thut mir den Gefallen, holt ihn wieder!
> (*Krug*, XII 1960–1967)

Eine „Entsetzung" ist dieser Akt Walters zum einen in dem genauen technischen Sinn, in dem das *Allgemeine Preußische Landrecht* diesen Ausdruck allein noch verwendet: die Entlassung eines Staatsdieners, hier des Richters aus dem Amt.[46] Eine „Entsetzung" ist es aber auch in dem weiteren Sinn, der, wie gesehen, zum älteren Gebrauch des Wortes gehörte: eine „Befreiung" Adams von eben dem Fluch des Rechts, den Ödipus in seiner zerstörerischen Selbstverurteilung durch seine Selbstexilierung an sich vollstreckt hatte. Walters antitragische Handlung besteht in einer halben Lösung – einer rechtlichen Sanktion, die Adam nur zur Hälfte trifft, ja in zwei Hälften teilt: Suspendierung vom Amt des Richters, ohne Zwang zur Desertion aus dem Gemeinwesen. In dieser Halbierung der Sanktion gegen Adam liegt der Bruch mit der totalen Bedeutung, die das selbstverhängte Urteil für Ödipus hatte – der Bruch mit der Tragödie. Die rechtliche Sanktion trifft Adam in seiner rechtlichen Person, aber nicht in seiner Existenz. „Holt ihn wieder!", er kann bleiben.

Man kann versucht sein, Walters Doppelhandlung der rechtlichen Sanktionierung und Begrenzung dieser Sanktion als einen selbst wieder oder noch rechtlichen Akt der Gerechtigkeit zu verstehen. Denn schließlich ist es eine Urforderung rechtlicher Gerechtigkeit, dass Vergehen und Strafe einander entsprechen. Und da das Vergehen des Adam im Vergleich mit dem des Ödipus eher gering ist (obwohl auch wieder nicht so gering: Amtsmissbrauch, sexuelle Nötigung und Erpressung und, nicht zu vergessen, der Bruch des Kruges – aber immerhin kein Vatermord und Inzest), darf, nach der Gerechtigkeitsforderung rechtlicher Äquivalenz, auch die Strafe nicht allumfassend sein. – Diese Deutung von Walters Handlung der doppelten „Entsetzung“ übersieht aber vor allem eines: dass Walter kein Richter ist, der Urteile fällt und Strafen verhängt, indem er Rechtsgesetze oder -regeln anwendet. Walter ist Gerichtsrat, „in Revisionsbereisung auf den Ämtern“ (*Krug*, I 70); Walter ist ein Revisor, der beobachtet, wie andere urteilen. Aus Walters Beobachtung des Rechts im Recht und nicht aus der Anwendung einer Regel des Rechts folgt seine Doppelhandlung der „Entsetzung“.

Einen Hinweis darauf, wie in dieser Perspektive Walters doppelter Akt der Entsetzung gegenüber Adam zu verstehen ist, gibt der zentrale Auftritt Eves. Adam und Eve stehen sich hier nicht nur als Täter und Opfer gegenüber, sie teilen auch die Nichtbeteiligung am Recht: Einzig diese beiden könnten Auskunft über den Sachverhalt geben; sie tun es beide (aus entgegengesetzten Motiven) nicht – und beide kommen damit bis zum Ende des Prozesses durch.

Eve begründet ihre Weigerung, auf die nachdrücklichen Fragen ihrer Mutter zu antworten und vor Gericht preiszugeben, was in der Nacht zuvor in ihrer Kammer tatsächlich passiert ist, gegenüber Walter so:

> EVE: Mein lieber, würdiger und gnäd’ger Herr,
> Erlaßt mir, euch den Hergang zu erzählen.
> Von dieser Weig’rung denkt uneben nicht.
> Es ist des Himmels wunderbare Fügung,
> Die mir den Mund in dieser Sache schließt.

Dass Ruprecht jenen Krug nicht traf, will ich
Mit einem Eid, wenn ihr's verlangt,
Auf heiligem Altar bekräftigen.
Jedoch die gestrige Begebenheit,
Mit jedem andern Zuge, ist mein eigen,
Und nicht das ganze Garnstück kann die Mutter,
Um eines einz'gen Fadens willen, fordern,
Der, ihr gehörig, durch's Gewebe läuft.
Ich kann hier, wer den Krug zerschlug,
nicht melden.
Geheimnisse, die nicht mein Eigenthum,
Müßt' ich, dem Kruge völlig fremd, berühren.
Früh oder spät, will ich ihr's anvertrauen,
Doch hier das Tribunal ist nicht der Ort,
Wo sie das Recht hat, mich darnach zu fragen.
(*Krug*, IX 1255–1273)

Mit dieser Erklärung ändert sich alles. Denn Eves Begründung für ihre Weigerung, vor Gericht Auskunft zu geben, führt nicht weniger als eine neue Idee des Rechts ein: Eve erklärt, dass das Recht sie nicht fragen und sie zu antworten sich weigern *darf*.* Ihre Rede proklamiert eine Begrenzung des Rechts: Das Recht darf nicht alles fragen. Und ihre Rede behauptet ein neues Recht: ein Recht gegen das Recht.

* Das erinnert an Shylock, der, ebenfalls vor Gericht, erklärte: „You'll ask me why I rather choose to have / A weight of carrion flesh, than to receive / Three thousand ducats: *I'll not answer that!* / But say it is my humour, – is it answer'd?" (Shakespeare, *The Merchant of Venice*, IV.1, 40–44; meine Hervorhebung, C.M.) So erläutert Shylock, was er unter „your charter and your city's freedom" (ebd., 39), also denen von Venedig, versteht.

Eve beruft sich auf ihr Recht zu schweigen.[47] Dessen prozessrechtliche Bedeutung liegt darin, den Angeklagten davor zu schützen, sich selbst zu belasten. In Eves Rede aber gewinnt dieses Recht eine Bedeutung, die weit darüber hinausgeht: als ein Recht auf das, was ihr „eigen", aber nicht ihr „Eigenthum" ist; was für sie das „ganze Garnstück" ist, an dem jeder einzelne nur eingeschränkten Anteil haben kann; ein Recht darauf, vor der Öffentlichkeit des Rechts „Geheimnisse" zu haben. Was Eve darin als der Kommunikation vor Gericht entzogen, genauer: als der Kommunikation vor Gericht entziehen zu *dürfen* behauptet, ist aber zugleich, was sie in einer anderen Kommunikation mitzuteilen bereit ist; in ihr können die dem Recht vorenthaltenen Geheimnisse „anvertraut" werden. Diese andere, nichtrechtliche Kommunikation setzt unmittelbar nach dem Gerichtsverfahren ein; nach dem Gericht kann geredet und ohne Umschweife gesagt werden, was vor Gericht unbedingt zurückgehalten werden musste: „Der Richter Adam hat den Krug zerbrochen!" (*Krug*, XI 1893) So liegt der Sinn des von Eve gegen das Recht proklamierten Rechts zu schweigen darin, eine nichtrechtliche Kommunikation zu ermöglichen, die anderen Gesetzen folgt: Vertrauen (zwischen Eve und Ruprecht), Hilfe (die Walter Ruprecht verspricht), Verzeihung (die selbst Adam in einer konventionellen Formel erbittet). Das Recht zu schweigen ist das Recht auf eine andere Kommunikation. Wenn es aber eine gegenüber dem Recht berechtigte, andere Kommunikationsform gibt, in der gesagt werden kann, was in jener verschwiegen werden darf, dann definiert dies zugleich das Recht seinerseits als *bloß eine andere* Kommunikationsform: als eine Kommunikationsform neben anderen. Durch das Recht, gegenüber dem Recht zu schweigen, wird das Recht relativiert: Es wird als Unterschiedenes und im Unterschied betrachtet. Mehr noch: Indem das Recht das Recht anerkennt, gegenüber dem Recht zu schweigen, relativiert das Recht *sich*; es reflektiert sich im Unterschied zu dem Recht anderer Kommunikationsformen und begrenzt sein Recht ihnen gegenüber.

Im Licht dieser zentralen Szene erscheint auch die halbierte Sanktionierung Adams anders: nicht als die Anwendung einer Rechtsregel der Äquivalenz von Verbrechen und Strafe, sondern als eine befreiende „Entsetzung" des Rechts, die Adam Ödipus' Schicksal ersparen soll. Walter will den Zwang zur Desertion brechen, dem Adams Flucht entspringt. Dieser Zwang ist jedoch, wie wir von Ödipus (und Adams Richterkollegen aus Holla, der sich nach seiner Absetzung vom Amt das Leben zu nehmen versuchte: *Krug*, I 101ff.) wissen, ein vom Recht auferlegter innerer Zwang. Es ist der Zwang, sich selbst zu richten. Die „Entsetzung" des Rechts, die Walters Halbierung von Adams Sanktion bedeutet, besteht darin, so wie vorher Eve von dem Zwang zu befreien, vor Gericht sprechen zu müssen, nun Adam von dem Zwang zu entlasten, sein eigener Richter sein zu müssen. Wie Eve, so muss nun Adam nicht mehr am Recht teilnehmen. Walters Halbierung der rechtlichen Sanktion des Adams ist daher alles andere als halbherzig – kein Akt der Milde, der Gnade vor Recht, kein Wegschauen oder Augezudrücken. Walters Halbierung der rechtlichen Sanktion des Adam bedeutet in Wahrheit seine *totale* Absetzung vom Amt des Richters. Adam soll nicht nur sein Amt verlieren, das ihn zum Richter über andere befugte; Adam soll dann gar nicht mehr, auch und vor allem nicht mehr über sich selbst richten müssen. Walters Revision des Rechts beendet Adams Albtraum des sich selber Richtens:

> ADAM: – Mir träumt', es hätt ein Kläger
> mich ergriffen,
> Und schleppte vor den Richtstuhl mich, und ich,
> Ich säße gleichwohl auf dem Richtstuhl dort,
> Und schält' und hunzt' und schlingelte mich
> herunter,
> Und judiziert den Hals in Eisen mir.
> LICHT: Wie? Ihr Euch selbst?
> ADAM: So wahr ich ehrlich bin.
> Drauf wurden beide wir zu eins, und flohn,
> Und mußten in den Fichten übernachten.
> (*Krug*, III 269–275)[48]

Walters Entsetzung des Richters Adam ist genauso wenig eine Anwendung des Rechts wie seine Suspendierung um willen der Ordnung, sondern ein Akt der Befreiung – der Befreiung ebenso Adams vom Recht wie des Rechts von seiner Macht: Durch seine Entsetzung bewahrt Walter Adam davor, so wie Ödipus seinen Fluch auf sich selbst bezogen hatte, nun seinen Albtraum leben zu müssen.

***

Adam und Eve werden frei vom Zwang zur Teilnahme am Recht. Sie werden es aber nicht nur in verschiedenem Maß und in verschiedener Hinsicht – Eve von der Pflicht, die ganze Wahrheit vor Gericht zu sagen, Adam vom ödipalen Fluch, sich selbst zu verurteilen –, sondern auch aus verschiedenen Gründen. In Eves Fall begrenzt sich das Recht selbst, indem es ihr (Gegen-) Recht anerkennt, hier, vor Gericht, zu schweigen und woanders und in anderer Weise zu sprechen. Dieses (Gegen-) Recht der nichtrechtlichen Kommunikation kann gefordert und selbst wieder zum Bestandteil eines reflexiv transformierten Rechts werden (siehe unten, II.4). Adam dagegen fordert nichts, sondern läuft weg. Sein vorletztes Wort ist „Verzeiht", sein letztes eine Frage: „Was?"* Auf diese Frage, nicht auf einen Rechtsanspruch ist Walters Halbierung der rechtlichen Sanktion die Antwort. Was aber fragt Adam hier? Er fragt nach nichts, nichts Bestimmtem. Denn er weiß nicht, was er fragt, nicht einmal, dass er fragt. Adams letzte Frage ist noch einmal, wie vorher mitten im Verfahren immer wieder schon,[49] die Frage des Zerstreuten, der plötzlich aus seiner Geistesabwesenheit aufschreckt, in die er mitten im Getümmel versunken war.

* Adam: Verzeiht, ihr Herrn. (läuft weg).
Eve: Hier! Auf!
Ruprecht: Halt' ihn!
Eve: Geschwind!
Adam: Was?
(*Krug*, XII 1900f.)

Der Grund, wenigstens der Anlass für den Gerichts-Revisor Walter, Adam von der Verpflichtung zur Selbstverurteilung zu befreien, ist dessen Zerstreutheit. Die ist hier wörtlich zu nehmen: als eine Auflösung der Einheit, die ein Individuum zum Selbst, Laute zu Worten und Sätzen, Bewegungen zu Handlungen machen; Zerstreuung ist die Kraft der Desintegration, die die Einheit des Subjekts, der Bedeutung, der Aktion auflöst. Walter befreit Adam von der Pflicht zur Selbstverurteilung, weil Adam *unfähig* ist. Oder indem Walter Adam vom Zwang zum Richten und Urteilen befreit, befreit er ihn zur Unfähigkeit. Der Akt der „Entsetzung", auf den Kleists Drama im ganzen zuläuft, besteht in der reflexiven Selbstbegrenzung des Rechts – in der (paradoxen) Anerkennung des Rechtsunfähigen.

***

Aber wo und wie befindet sich der Rechtsunfähige, wenn das Recht ihn vom Zwang zur Selbstbeurteilung und dadurch zugleich sich selbst, das Recht, von dem Zwang, sich gegen ihn durchsetzen zu müssen, befreit? Kleists Lustspiel muss sich, will es das bleiben,[50] jeder Auskunft darüber enthalten. Eine Formulierung Walters, die sich in der Handschrift des Stücks findet und die für den Druck gestrichen wurde, lässt erahnen, was Adam bevorsteht:

> WALTER: Doch sind die Cassen richtig, wie ich hoffe,
> So wird er wohl auf irgend einem Platze
> Noch zu erhalten sein.[51]

Es ist klar, dass der Rechtsunfähige kein Teil und Teilnehmer des Rechts – in dem von Rousseau erläuterten Sinn (siehe oben, S. 26) – sein kann. Denn daraus, dass die Ordnung des Rechts jedes Individuum zum Teil eines sozialen Ganzen, zu einem gleichen Bürger macht, folgt ja der Fluch oder Albtraum der Selbstbeurteilung, von dem die revisionäre Entsetzung des Rechts Adam befreien will. Aber muss das nicht dazu führen, dass dem freigelassenen Rechtsunfähigen das Recht nun wieder als eine bloß äußerlich-schicksalhafte Macht gegenübertritt, der er sich unterwirft, „wie man sich einer Krankheit oder einem Unglücke oder dem Tode unterwirft"?[52] Und welche Existenz führt der freigelassene Rechtsunfähige, wenn er von nun an bloß noch „auf irgend einem Platze erhalten" wird? Wird auch Adam also doch nur, wie der Richter aus Holla, der im letzten Moment vom Seil geschnitten wird, an dem er sich aufknüpfen wollte, ins „nackte Leben" zurückgebracht (*Krug*, I 114)? Fast scheint es, dass Ödipus' Existenz als zu endlos fortgesetzter Selbstverurteilung Verfluchter außerhalb des Gemeinwesens derjenigen, die Adam als vom Recht Befreiten, weil zum Recht Unfähigen innerhalb des Gemeinwesens bevorsteht, vorzuziehen ist. Oder wie soll man sich das Leben des als rechtsunfähig Anerkannten, als ein Leben ohne rechtliche Autonomie, aber in Freiheit, vorstellen?

4. Exkurs: Das Dilemma der Rechte

Auch der Prinz von Homburg, der vom Kurfürsten aufgefordert wurde, über sich selbst zu richten, fragt sich, was für ein Leben er führen würde, wenn er sich dieser Aufforderung verweigerte. Seine Antwort lautet, dass ein Leben in Freiheit von der Herrschaft des Rechts ein Leben der Arbeit, der Arbeit um ihrer selbst willen, sein würde:

> Ich will auf meine Güter gehen am Rhein,
> Da will ich bauen, will ich niederreißen,
> Dass mir der Schweiß herabtrieft, säen, ernten,
> Als wärs für Weib und Kind, allein genießen,
> Und, wenn ich erntete, von neuem säen,
> Und in den Kreis herum mein Leben jagen,
> Bis es am Abend niedersinkt und stirbt.
> (Kleist, *Prinz Friedrich von Homburg*, III.5)

Das Leben desjenigen, der sich nicht mehr als Rechtsteilnehmer versteht, ist ein Leben im sinnlos sich beschleunigenden Kreislauf der Arbeit um der Arbeit willen. Wer nicht mehr ein Teil des Rechts und damit ein gleicher Bürger ist, ist ein Mensch des unnatürlichen Naturzustands der entfesselten Ökonomie.

In der Antwort, die sich der Prinz von Homburg gibt, rekonstruiert Kleist, wie die sich soeben formierende bürgerliche Gesellschaft die selbstreflexive Begrenzung des Rechts, die Freigabe des Nichtrechtlichen institutionalisiert: in der Form des „subjektiven Rechts“. Nach dieser Figur deutet bereits Adam Eve, wenn er ihre Rede, in der sie ihr Recht zu schweigen behauptet, mit dem Satz kommentiert: „Die Jungfer weiß, wo unsre Zäume hängen" (*Krug*, IX 1275). Als Zaum, Zügel oder Band, *vinculum iuris*, bezeichnet das Römische Recht das Schuldverhältnis, „durch das uns der Zwang auferlegt wird, nach dem Recht unseres Gemeinwesens irgendeine Leistung zu erbringen."[53] Diesem Zwang der einen Seite entspricht der Rechtsanspruch, den die andere Seite auf diese Leistung erheben kann. Das wird zum „subjektiven Recht" im modernen Sinn, wenn es, wie Adam Eve interpretiert, ein Recht gegenüber dem Staat wird: nicht schon zu einem Recht auf eine Leistung durch den Staat – das gibt es erst, wenn „subjektive öffentliche Rechte" (Georg Jellinek) erfunden werden –, aber ein Recht darauf, dass es eine von staatlichen Regulierungen freie Sphäre „privater", also sozialer Beziehungen gibt. Diese Beziehungen sind durch Räume beliebigen Verfügens definiert, die der eine Privatmann gegenüber dem anderen und jeder Privatmann zugleich gegenüber dem politischen Gemeinwesen hat, dessen Teil er ist. Damit führt die moderne Figur des subjektiven Rechts in die klassische Bestimmung, nach der das Recht die normative Ordnung ist, die die Gleichheit der Bürger etabliert, einen grundlegenden Bruch ein. Nach der klassischen Bestimmung verwandelt die Einsetzung einer Rechtsordnung „jeden einzelnen [*individu*] in einen Teil [*partie*] eines größeren Ganzen" (Rousseau). Die Figur des subjektiven Rechts dagegen ist die Figur eines Rechts gegenüber – dem Teilsein in, der Teilnahme an – dem Recht: ein Recht darauf, in bestimmtem

Grenzen nach „Belieben", ohne darüber Rechenschaft ablegen und für die Folgen Verantwortung übernehmen zu müssen, handeln zu dürfen; ein Recht darauf, nicht ganz und in jeder Hinsicht ein gleicher „Teil", sondern ein davon freies „Individuum" zu sein. Die Figur des subjektiven Rechts, so fasst Marx diesen Bruch der modernen Privatrechtslehre mit dem klassischen Rechtsbegriff zusammen, bedeutet die „Spaltung des Menschen in den öffentlichen und in den Privatmenschen", einen „Dualismus zwischen dem individuellen und dem Gattungsleben".[54]

Auf die Details dieser Figur, ihrer Beschreibung und ihrer Begründungen, kommt es hier nicht an. Es kommt hier nur darauf an, dass der Liberalismus oder die bürgerliche Gesellschaft – beides ist dasselbe: sie sind die Theorie und die Praxis des subjektiven oder Privatrechts – durch einen doppelten Zug definiert ist: erstens durch die Befreiung von der rechtlichen Teilnahme; zweitens durch den Dualismus von Staat und Gesellschaft, öffentlich und privat, Citoyen und Bourgeois, Subjekt und Individuum, usw.

(1) In der Befragung und Begrenzung der rechtlichen Teilnahme liegt der befreiende Impuls des Liberalismus: Teil sein, ein gleicher Bürger sein, der dem Recht zugehört und diese Zugehörigkeit – in der höchsten, der autonomen Gestalt des Rechts – durch die freie Unterwerfung unter den Zwang zur Selbstbeurteilung bekräftigt, ist für den Liberalismus nicht die Definition der Freiheit, sondern führt in letzter Konsequenz zum Terror. Im Terror der Revolution, der nach Robespierre „nichts anderes als die unmittelbare, strenge und un-

beugsame Gerechtigkeit" ist,[55] verwirklicht sich nach liberaler Deutung nur in reinster, exzessiver Form der unbegrenzte Anspruch, den das Recht, nach Rousseaus Bestimmung, auf diejenigen erhebt, die seine „Teile" bilden. Gemäß dem Liberalismus führt die Gleichheit der Bürger als Rechtsteilnehmer in unbegrenzter, totaler Durchführung – die in den antiken Städten praktiziert wurde und die Französische Revolution unter modernen Bedingungen zu wiederholen versuchte – dazu, dass „der einzelne zwar fast durchweg souverän in nahezu allen öffentlichen Angelegenheiten, aber Sklave in allen privaten Beziehungen" ist.[56] Diese „Knechtschaft" (Benjamin Constant) der rechtlichen Teilnahme soll gebrochen werden, indem das Recht seine Macht über das Individuum begrenzt, das Individuum von der Macht des Rechts freigesetzt wird. (2) Der Liberalismus oder die bürgerliche Gesellschaft führt dieses Befreiungsprogramm als eine Partialisierung der Partialität, als eine Teilung des Teilseins durch: Der Liberalismus oder die bürgerliche Gesellschaft befreit partial. Das geschieht durch die Sicherung eines Raums privater Verfügung, der geschützt ist vor der Intervention rechtlicher Regulierungen. In der liberalen, sich selbst begrenzenden Rechtsordnung der bürgerlichen Gesellschaft, der Ordnung subjektiver Rechte, stellen „ermächtigende Rechtsätze es in das Belieben des Einzelnen, durch Rechtsgeschäfte ihre Beziehungen zueinander innerhalb bestimmter Grenzen autonom zu regeln."[57] Die Befreiung vom Recht wird im Liberalismus zum rechtlichen Schutz von „Vertragsfreiheit" gegenüber dem Recht. „Diese amorphe Autonomie verdient freilich" – so Max Webers illusionslose Diagnose – „diesen Namen nur im bildlichen Sinn."[58] Als Rechtsordnung der „Marktmachtinteressenten", also als rechtliche Lizenz zur freien Vertragsaushandlung und damit zur Ausnutzung und Ausbeutung derjenigen, die ohne „Marktmacht" sind, führt die rechtliche Befreiung von der rechtlichen Regulierung zur Herausbildung eines sozialen Zwangszusammenhangs, der gerade deshalb aber nur umso wirksamer in das Leben jedes einzelnen eingreift, weil er sich „aller autoritären Formen enthält". Das liberale, bürgerliche Programm der Befreiung – das Programm: „Abnahme der Gebundenheit und Zunahme individualistischer Freiheit"[59] – schlägt in gesteigerte Abhängigkeit um: „Eine formell noch so viele ‚Freiheitsrechte' und ‚Ermächtigungen' verbürgende und darbietende und noch so wenig Gebots- und Verbotsnormen enthaltende Rechtsordnung kann [...] in ihrer faktischen Wirkung einer sehr bedeutenden Steigerung nicht nur des Zwanges überhaupt, sondern auch einer Steigerung des autoritären Charakters der Zwangsgewalten dienen."[60]

Das beschreibt das Dilemma des Liberalismus: In der Form der subjektiven Rechte bedeutet die Befreiung des einzelnen von dem Zwang, ganz zu einem Teil der Rechtsordnung zu werden, nichts anderes als die Freigabe seiner privaten Interessenverfolgung; die Freigabe der privaten Interessenverfolgung restituiert jedoch einen schicksalgleichen Zwangszusammenhang, in dem nicht nur jeder einzelne von dem Belieben des anderen, sondern alle zusammen von dem

Walten unbeherrschbarer Marktgesetze abhängig werden. Die liberale Befreiung von der rechtlichen „Knechtschaft“ (Constant) endet in einer „sehr bedeutenden Steigerung“ (Weber) des ökonomisch-sozialen Zwangs.

Der Liberalismus will die Macht des Schicksals brechen, die das autonome Recht im Subjekt ausübt, indem er die rechtliche Autonomie des Citoyen durch das freie Belieben des Bourgeois begrenzt – durch die Freiheit, seine Interessen, auch durch Ausnutzung und Ausbeutung anderer, zu verfolgen. Die Befreiung vom Teilnahmezwang am Recht in der Form subjektiver Rechte verfährt dualistisch: Sie stellt dem Recht das Interesse, der Gleichheit den Egoismus, der Verpflichtung das Belieben gegenüber. Jeder Einzelne soll auf beiden Seiten stehen, in beiden Registern operieren können. Die beiden Seiten aber sind einander äußerlich. Die dualistische Grundannahme des Liberalismus, die in der Form subjektiver Rechte zum Ausdruck kommt, besagt, dass es *auf der einen Seite* die autonome Orientierung an rechtlicher Regulierung, die gleiche Teilnahme des Citoyen am Recht, und *auf der anderen Seite* die private Interessenverfolgung gibt, die von der gleichen Berücksichtigung der anderen freigesetzt ist. Der Liberalismus führt das Programm, das Recht zu begrenzen, so durch, dass er diese beiden Seiten unterscheidet und einander gegenüberstellt. Die liberale „Kunst der Trennung“ (Michael Walzer) lässt das Getrennte aber unverändert. Darin liegt gerade die Absicht der liberalen „Kunst der Trennung“: in der Vermeidung oder Abwehr einer grundlegenden Veränderung. Die liberale „Kunst der Trennung" des Rechts vom Nichtrechtlichen glaubt, die Gewalt des Rechts brechen zu können, indem sie allein seine Reichweite begrenzt – ohne also die *Urteilsweise* des Rechts *verändern* zu müssen.

5. Nach dem Liberalismus: Das Paradox des Rechts

Der Dualismus des bürgerlichen Liberalismus besteht darin, die autonome Teilnahme am Recht und das Recht der freien Nichtteilnahme einander äußerlich gegenüberzustellen. Das führt dazu, dass die Freiheit vom Recht im Liberalismus umstandslos mit dem Recht zur Interessenverfolgung „nach Belieben" gleichgesetzt wird. Der Grund dafür aber liegt darin, dass der liberale Dualismus die konstitutive Asymmetrie der beiden Bereiche übersieht. Denn in Wahrheit stehen sich in der Form subjektiver Rechte Recht und Nichtrechtliches gar nicht äußerlich gegenüber. Als Recht auf Nichtrechtliches, auf die Freiheit von der Teilnahme am Recht, ist das subjektive Recht selbst ein Element des Rechts. Das scheint trivial, ist es aber nicht. Denn dass das subjektive Recht ein Recht auf Nichtteilnahme am Recht ist, erinnert daran, dass die Form des subjektiven Rechts durch einen Prozess der Selbstreflexion des Rechts hervorgebracht worden ist. Die Form des subjektiven Rechts ist der *Effekt* eines *Aktes* – eines Rechtsaktes neuer, paradoxaler Form: eines Aktes, durch den das Recht sich *in* sich *auf* sich *im Unterschied zum* Nichtrechtlichen bezieht.[61] Der bürgerlich-liberale Dualismus sieht nicht, dass er, ohne sie zu denken, eine neue Operationsweise des Rechts voraussetzt: Die äußerliche Gegenüberstellung von Recht und Nichtrechtlichem setzt voraus, dass das Recht sich nicht mehr nur gegen das Nichtrechtliche durchzusetzen versucht, sondern sich selbst auf das Nichtrechtliche bezieht, von dem es sich unterscheidet – und damit das Nichtrechtliche als Unterschiedenes in sich enthält. Darin besteht die Kritik am bürgerlich-liberalen Dualismus: in der Freilegung der selbstreflexiven Operation des Rechts, die diesem Dualismus ebenso zugrunde liegt wie sie von ihm verdeckt und verdrängt wird. Diese Freilegung der Selbstreflexion des Rechts wird zeigen, wie die „Entsetzung" des Rechts jenseits des Liberalismus verstanden und vollzogen werden kann.

***

„Selbstreflexion des Rechts" heißt: Reflexion des Rechts – subjektiv und objektiv: durch das Recht auf das Recht – in seinem Unterschied vom Nichtrechtlichen. Der Unterschied vom Nichtrechtlichen, so hat sich gezeigt,[62] ist konstitutiv für das Recht: Das Recht steht immer schon im Unterschied, daher auch im Bezug zum Nichtrechtlichen; nicht erst das selbstreflexive, sondern bereits das „normalbetriebliche", gewöhnlich praktizierte Recht bezieht sich auf das Nichtrechtliche. Die Leistung der Selbstreflexion des Rechts besteht (nur) darin, herauszustellen, dass und wie das normalbetriebliche Recht das tut, und (nur) indem sie dies herausstellt, verändert – „entsetzt“: entmächtigt und befreit – die Selbstreflexion das Recht.

Das Recht steht im Gegensatz zum Unrecht: im Gegensatz zu demjenigen, das oder der die Gleichheit des Rechts um seines Eigenen willen verletzt. Das Recht steht aber auch im Gegensatz zum Nichtrecht: im Gegensatz zu demjenigen, das oder der sich der Beurteilung nach Recht und Unrecht entzieht; der das Recht vergisst, verweigert oder nicht an ihm teilzunehmen vermag. Jeder Akt rechtlichen Urteilens steht deshalb nicht nur unter dem Anspruch, innerrechtlich gültig zu sein und damit das Unrecht zu bekämpfen, sondern sich gegen das Nichtrechtliche, die Rechtsvergessenheit oder -verweigerung oder -unfähigkeit durchzusetzen. Dieser Durchsetzungsanspruch des Rechts gegen das Nichtrechtliche führt in den Kreislauf der Gewalt, dem das Recht schicksalhaft verfällt; denn weil das Recht, als politisch Gesetztes, selbst das Nichtrechtliche hervorbringt und voraussetzt, kann es sich niemals gegen das Nichtrechtliche durchsetzen. Das Recht kann aber seinen Durchsetzungsanspruch gegen das Nichtrechtliche, also seine Herrschaft über das Nichtrechtliche, nicht aufgeben. Denn der Durchsetzungsanspruch gegen das Nichtrechtliche folgt aus nichts anderem als dem Geltungsanspruch des Rechts. Es ist das *Recht des Rechts*, sich gegen das Nichtrechtliche durchzusetzen; es ist nichts anderes als das Recht des Rechts, worin seine schicksalhafte Gewalt gründet.

Für das Recht des Rechts gegenüber dem Nichtrechtlichen muss aber dasselbe wie im Recht gelten:

dass es kein Recht gegen etwas oder jemanden gibt, das nicht ein Recht *für* dieses oder diesen ist. Es definiert die Gerechtigkeit des Rechts, dass sein Urteilen nur gültig ist, weil es zuletzt stets das eigene Urteil desjenigen ist, über das oder den es gefällt wird. Deshalb verkörpert die autonome Gestalt des Rechts, die seine verpflichtende Geltung an die Freiheit der Selbstbeurteilung bindet, die reinste Form rechtlicher Normativität. Wenn das Recht sich daher gegen das Nichtrechtliche durchsetzt und dafür sein Recht – das Recht auf Durchsetzung des Rechts gegen das Nichtrechtliche – proklamiert; genauer: wenn das Recht sich deshalb gegen das Nichtrechtliche durchsetzt, weil dies der Anspruch, das Recht des Rechts ist, dann muss das Recht behaupten, dazu nach dem eigenen Maß des Nichtrechtlichen berechtigt zu sein – weil dies das „eigene Recht" (Hegel) des Nichtrechtlichen ist. Das *Recht des Rechts*, sich gegen das Nichtrechtliche durchzusetzen, ist – dem Begriff des Rechts gemäß – zugleich das *Recht des Nichtrechtlichen*: das Recht des Nichtrechtlichen, am Recht, das sich gegen es durchsetzt, beteiligt zu sein, im Recht berücksichtigt zu werden und zur Geltung zu kommen.

In seinem gewöhnlichen Funktionieren unterstellt das Recht die Identität dieser beiden Ansprüche: Das Recht des Rechts besteht darin, dass es sich gegen das Nichtrechtliche nicht nur durchsetzen muss, sondern darf; zugleich gilt die Durchsetzung des Rechts gegen das Nichtrechtliche als Verwirklichung des eigenen Rechts des Nichtrechtlichen. Diese Identitätsannahme bildet die Ideologie des Rechts in seinem gewöhnlichen Funktionieren: Das Recht des Rechts und das Recht des Nichtrechtlichen sind ein und dasselbe; in der Verwirklichung des einen verwirklicht sich zugleich auch das andere. Dagegen zeigt die Selbstreflexion des Rechts, dass die beiden Ansprüche sich genau deshalb, weil sie ineinander umschlagen, einander widersprechen. Mehr noch: beide Ansprüche widersprechen sich selbst. Indem das Recht sein Recht gegen das Nichtrechtliche durchsetzt, proklamiert es zugleich das Recht des Nichtrechtlichen. Aber das Recht *kann* das Recht des Nichtrechtlichen nur so verwirklichen, dass es dieses Recht verletzt.

Der Grund dafür liegt darin, *wie* das Recht das Recht des Nichtrechtlichen, das es behaupten muss, allein verwirklichen kann: Es können nur „eigene (immer nur: eigene!) Operationen“[63] des Rechts sein, durch die das Recht das Recht des Nichtrechtlichen zur Geltung zu bringen versucht. Das Recht kann sich auf das Nichtrechtliche nur in der Form des Rechts beziehen. Wie jeden Anspruch, so macht das Recht den Anspruch des Nichtrechtlichen zu einem Rechtsanspruch, das Nichtrechtliche zu einer Partei im rechtlichen Verfahren. Das rechtliche Verfahren besteht darin, in der unparteilichen Berücksichtigung der streitenden Parteien ihre Gleichheit als Bürger zur Geltung zu bringen. Damit das Recht sein Verfahren unparteilicher Anhörung, Untersuchung und Beurteilung durchführen kann, muss es daher immer schon ein Vor-Verfahren, eine Prozedur vor der Prozedur, durchgeführt haben, in dem das Nichtrechtliche rechtlich, der Nichtbürger zum Bürger, das Ungleiche gleich gemacht wurde – in dem das Recht die Elemente hervorgebracht hat, die es in seinem Verfahren gebrauchen kann. In jedem Verfahren des Rechts vollzieht sich ein Vor-Verfahren der Verrechtlichung. Wenn daher das Recht das Recht des Nichtrechtlichen, das es behauptet, zu verwirklichen versucht, muss es das Nichtrechtliche in die Form des Rechts bringen oder es muss das Nichtrechtliche verrechtlichen. Es muss das Nichtrechtliche also genau dessen – seines Unterschieds vom Recht – berauben, das es ausmacht und auf das es ein Recht zu haben behauptet. Das Recht des Nichtrechtlichen im Recht zu verwirklichen und es zu verletzen ist dasselbe.

Die Selbstreflexion des Rechts zeigt den Widerspruch der beiden Ansprüche – das Recht des Rechts, sich gegen das Nichtrechtliche durchzusetzen, und das Recht des Nichtrechtlichen, im Recht, das sich gegen es durchsetzt, berücksichtigt zu sein –, deren Identität das Recht in seinem gewöhnlichen Funktionieren behauptet. Dieser Widerspruch, so zeigt sich in der Selbstreflexion des Rechts weiter, lässt sich nicht auflösen: Keines der beiden Rechte kann ohne das andere, das ihm widerspricht, gedacht werden. Der Widerspruch des Rechts, der in seiner Selbstreflexion aufbricht, ist daher keine Krise, die der Entscheidung – der kritischen als der „scheidenden und entscheidenden Einstellung“ (Benjamin) – fähig ist und bedarf. Der Widerspruch des Rechts bildet ein Paradox, das entfaltet werden muss.

Das geschieht in einem Vollzug des Rechts, der sich zwei einander ausschließenden Forderungen zugleich unterstellt.[64] Es muss ein Vollzug sein, der das Recht verwirklicht *und* das Recht unterbricht; ein Vollzug, der die Gleichheit der Bürger vollstreckt *und* den Unterschied von Bürger und Nicht-Bürger, von Rechtsteilnehmer und Rechtsvergessenem oder -verweigerer oder -unfähigem verwirklicht; ein Vollzug, der ein unparteiliches Verfahren durchführt *und* hinter das Vor-Verfahren der Verrechtlichung zurückgeht, aus dem das rechtliche Verfahren hervorgeht. Der selbstreflexive Rechtsvollzug verwirklicht das Recht des Rechts *und* das Recht des Nichtrechtlichen, indem es das Nichtrechtliche nicht in ein Element – eine Partei, einen Fall – in einem rechtlichen Verfahren verwandelt, sondern gegen seine Verrechtlichung zur Geltung bringt. Das Recht selbstreflexiv zu vollziehen heißt, das Verfahren unparteilich-egalitärer Untersuchung, Berücksichtigung und Beurteilung genauestens durchzuführen *und* die nichtrechtlichen Kräfte der „Zerstreuung" – des Vergessens, des Verweigerns und der Unfähigkeit – frei zu setzen. In dieser Gegenwirkung der Kräfte der Zerstreuung zerbricht die Identität von Selbst und Recht, zu der das autonome Recht uns verflucht: die Identität von Selbst und Recht, die jeder gegen sich als Nicht-Bürger durchsetzen muss, um sich dadurch stets wieder zum Bürger, zum gleichen Teilnehmer des Rechts, zu unterwerfen. Der selbstreflexive Vollzug des Rechts sprengt die autonome Identität von Selbst und Recht und entfaltet den Widerspruch: die Einheit von Einheit und Gegensatz von Bürger und Nicht-Bürger, von Rechtsteilnehmer und Rechtsvergessenem, -verweigerer und -unfähigem.

Gibt es eine solche Befreiung vom Rechtsfluch der autonomen Selbstbeurteilung durch die selbstreflexive Entfaltung der Paradoxie von Recht und Nichtrecht?

6. Die Utopie der gleichen Möglichkeit (*Wolokolamsker Chaussee I*)

In dem kurzen Stück *Wolokolamsker Chaussee I: Russische Eröffnung* führt Heiner Müller die folgende Geschichte vor:[65] Ein sowjetisches Bataillon steht in Erwartung der überlegenen, rasch vorrückenden deutschen Kräfte zum Schutz kurz vor Moskau, die Soldaten von Angst getrieben, immer mehr von ihnen zur Desertion. Der Kommandeur, der glaubt: „nur der Schrecken treibt die Angst aus", fingiert einen Angriff der Deutschen („Ich schrie Alarm und Zu den Waffen"), der aber nur die eine Wirkung hat, die Angst zur Panik zu steigern; es kommt zur Massenflucht der Soldaten in den Wald. Einer von ihnen ist ein Gruppenführer, der sich auf der Flucht in die Hand schießt, um sich kampfunfähig zu machen. Der Mann wird festgenommen und vom Leutnant zum Kommandeur gebracht. Der Kommandeur fragt den Leutnant: „Warum hast du ihn nicht erschossen" – „Ich weiß nicht" – „Und ich soll es wissen wie / Bring ihn herein". Der Gruppenführer entschuldigt sich, redet sich darauf hinaus, dass es ein Unfall und das ganze doch nur eine Übung war. Der Kommandeur nennt ihn einen Feigling und „Verräter an der Heimat" und verurteilt ihn, in einer

Stunde von seiner eigenen Gruppe vor dem Bataillon erschossen zu werden.

> Der Leutnant fragte Haben wir das Recht
> Ich sagte Mein Befehl wird ausgeführt
> Und war es Unrecht soll man mich erschießen
> Sie schreiben den Bericht Genosse Leutnant

Der Gruppenführer, der zum Verräter seines Bataillons und der Heimat wurde, der seine Gruppe nicht führen konnte, „weil er sich selbst nicht befehlen konnte", *muss* verurteilt werden. „Wie anders hätte ich befehlen sollen"?

Die Verurteilung des Verräters ist ein „Befehl" des Kommandeurs, von dem unklar bleibt, ob er das Recht dazu hat; der Leutnant fragt danach, und der Kommandeur bejaht die Frage nicht. Der Kommandeur *behauptet* nicht, im Recht zu sein. Er lässt die Frage nach seinem Recht offen, gibt sie an einen späteren Leser des Berichts weiter. So wie der Leutnant nicht wusste, warum er den Gruppenführer nicht gleich erschossen hat, so weiß der Kommandeur nicht, warum er ihn nun zu erschießen befiehlt. Der Befehl gründet nicht in einem Wissen über Recht und Unrecht. Zwischen dem Wissen des Rechts und der Tat, die es exekutiert, liegt ein Abstand, eine Spanne, ein unklares Verhältnis – so wie der Kommandeur später, im Rückblick, sagen wird, dass „ich [ihn] erschießen ließ und nach dem Kriegsrecht". Der Befehl des Kommandeurs erfolgt – *und nach* dem Kriegsrecht. Dass der Befehl nach dem Kriegsrecht erfolgt heißt nicht, dass er *aus* dem Kriegsrecht *folgt*. Der Kommandeur befiehlt die Exekution – „Wie anders hätte ich befehlen sollen"? –, ohne zu wissen zu behaupten, dass ihm dies das Recht befiehlt. Es ist ein Befehl ohne das Wissen des Rechts. Es ist ein rechts-loser (nicht: rechtloser) Befehl: ein Befehl, der sich vom Wissen des Rechts löst und daher, weil er das Recht und das Wissen vom Recht nicht als Grund voraussetzt, weil er nicht aus dem Recht und dem Wissen vom Recht folgt, ein Befehl wider das Recht, nicht wider dieses oder jenes Recht, sondern wider das Recht als solches ist – wider das Recht des Rechts, verbindlich festzulegen, was unter uns gilt.

Der Abstand des Kommandeursbefehls gegenüber dem Rechtswissen, das „und", das sie scheidet, indem es sie verbindet, kann auf zwei gegensätzliche Weisen verstanden werden. – Der Befehl des Kommandeurs erscheint zuerst als ein Akt der „Suspendierung" des Rechts, im genauen Sinn des Schmittschen Begriffs (siehe oben, S. 63f.). Der Kommandeur lässt den Gruppenführer erschießen, ohne ein rechtsförmiges Verfahren der Untersuchung bis zu dem Punkt durchgeführt zu haben, an dem ein Urteil aus ihm folgt. Der Zweck ist klar: damit „dieser Menschenhaufen / Ein Bataillon wird vor der ersten Schlacht". Der Kommandeur nimmt dem einen sein Recht – sein Recht aufs Recht: das Recht darauf, Partei in einem Verfahren zu sein, mithin das Recht darauf, ein gleicher Bürger zu sein –, um die Bedingung dafür zu schaffen, dass die Frage nach Recht und Unrecht, auch die des eigenen Tuns des Kommandeurs, überhaupt noch und wieder gestellt werden kann; die Bedingung, dass es überhaupt noch gleiche sowjetische Bürger *gibt*. Diese Bedingung des Rechts ist der erfolgreiche Widerstand gegen die Deutschen, der Sieg.* Um die Sicherung dieser Bedingung des Rechts geht es in dem Befehl des Kommandanten wider das Wissen vom Recht. Der Kommandant will durch die Erschießung des einen die Einheit der anderen herstellen, die die Vollstrecker und Zuschauer seiner Erschießung sind:

> Braucht es einen Toten
> Oder den Blick auf einen solchen Tod
> Damit ein Bataillon ein Bataillon wird

Aber auch diese Frage des Kommandeurs nach der Wirkung, wie die des Leutnants nach dem Recht der Exekution, bleibt ohne Antwort offen: Braucht es einen Toten oder den Blick auf einen solchen Tod, damit die Einheit, also die Ordnung hergestellt werden kann, die die Bedingung des Rechts ist? „Die Rücken der Soldaten und das Schwanken / Ihrer Gewehre fragten mich Warum".

Da er es auch nicht weiß und keine Antwort auf diese Frage hat, nimmt der Kommandeur plötzlich, mit einem Mal seinen Befehl zurück und lässt den Grup-

* In Müllers *Wolokolamsker Chaussee II: Wald bei Moskau* heißt es über dieses Bedingungsverhältnis: „Die Sowjetordnung dacht ich wo bleibt sie / Wenn die Sowjetunion verschwunden ist." (Ebd., S. 204.) Dieses Bedingungsverhältnis rechtfertigt, ja macht es nach Ansicht des Kommandeurs hier notwendig, „dass [...] einer das Gesetz / In seine Hände nimmt und übers Knie bricht" (ebd., S. 202), wenn damit das Fortbestehen der Sowjetunion, *in* der es das Gesetz der Sowjetordnung nur geben kann, gesichert wird.

penführer, der ihn zuvor um Verzeihung gebeten hatte, am Leben:

> ... mit geschlossenen Lippen sagte ich
> Zieh deinen Mantel an Ich fragte er
> Den Mantel Soll ich nicht erschossen werden
> Und ich Nimm deinen Platz ein Wirst du kämpfen
> Und Ja ich werde kämpfen sagte er
> Und wollte seinen Mantel anziehn fand
> Mit der verbundnen Hand nicht in den Ärmel
> Er lachte mit uns von der Last befreit
> Die eine Stunde lang schon auf ihn drückte
> Mit dem Gewicht der Erde die ihn deckt
> Zehn Hände zerrten jetzt an seinem Mantel
> Damit er in den Ärmel fand und her
> Und hin und das Gelächter nahm kein Ende

Bis, in einer zweiten plötzlichen Wende, dieser „Film" vom Feuerbefehl des Kommandeurs zerrissen, das Bild der Befreiung weggewischt wird; „und die Salve krachte / Aus zwölf Gewehren wie ein einziger Schuß". Der Befehl setzt sich gegen das „Wunschbild der Begnadigung" (so Müller in einem Kommentar zum Stück) durch.[66] Aber er ist, nachdem der Film der Begnadigung und des befreiten Lachens abgelaufen ist, nicht mehr derselbe Befehl: Er ist immer noch der Befehl, den Gruppenführer zu erschießen „und nach dem Kriegsrecht"; ein Befehl, der dem Recht entspricht, ohne aus ihm zu folgen. Aber er ist nicht mehr ein Befehl, der die Rechtsordnung im Schmittschen Sinn „suspendiert".

Der Befehl, der das Recht suspendiert, ist zugleich durch das Recht legitimiert: Er sichert die Ordnung, die das Recht voraussetzt. Dem Akt der Begnadigung, jener anderen traditionellen Form der Souveränität,[67] geht es dagegen nicht um die Ordnung der Normalität als Voraussetzung des Rechts, sondern um eine Gerechtigkeit jenseits der Herrschaft des Rechts. Diese Möglichkeit, das „Wunschbild der Begnadigung", erscheint in dem „Film", der – wo? nicht nur im Kopf des Kommandanten, sondern auf der Bühne, in der Wirklichkeit des Stücks abläuft und durch den Exekutionsbefehl jäh unterbrochen wird. In einer Notiz „Zur Inszenierung" hat Müller darauf insistiert, dass Begnadigung und Exekution so aufzuführen sind, dass sie denselben „Realitätsgrad" haben.* Darin liegt nach Müller das Utopische dieses Moments. Die Utopie ist *nicht* die Begnadigung *statt* der Exekution, sondern dass die Begnadigung die „realistische Lösung" ist. „Realistisch" heißt: möglich, gar wahrscheinlich –

* „Das Wunschbild der Begnadigung des Deserteurs braucht den Realismusgrad der Exekution, damit ein Krieg gedacht werden kann, in dem die Begnadigung die realistische Lösung ist. Im Schatten des Atomkriegs, der Alternative zum Kommunismus, scheint sie utopisch." (Müller, „Zur Inszenierung", in: *Werke*, Bd. 5, S. 97.) Hier bricht Müller mit seiner Romanvorlage, für deren Kommandeur dies immer nur *bloß* ein „Traum", ein „Wunsch" geboren aus „Mitleid", bleiben muss – verständlich, aber falsch, widerlegt durch das Wissen von dem im Krieg Notwendigen und daher nach dem Recht des Krieges Richtigen: „Ich wollte, dass jeder Soldat wisse: Wirst du feige, verrätst du – so wird dir nicht verziehen, wie stark der Wunsch danach auch ist. / Schreiben Sie das alles; mögen das nur alle lesen, die eine Soldatenuniform tragen oder sie zu tragen sich anschicken. Mögen sie wissen: Vielleicht warst du gut, vielleicht hat man dich früher geliebt und gelobt; doch wie du auch gewesen bist, für ein Soldatenvergehen, für Feigheit und Verrat wirst du mit dem Tod bestraft." (Bek, *Die Wolokolamsker Chaussee*, S. 33.)

nicht aber: einzig notwendig. Utopisch ist nach Müller, dass die Begnadigung „den Realismusgrad der Exekution“ hat: dass sie *ebenso* realistisch, also möglich oder wahrscheinlich ist *wie* die Exekution.

Also ist auch der Exekutionsbefehl ebenso möglich wie die Begnadigung. Auch der Befehl zur Exekution „und nach dem Kriegsrecht“ ist keine Notwendigkeit, sondern eine von zwei Möglichkeiten. Das ist die neue Qualität, die der Befehl – genauer: das ist die neue Deutung, die der Zweifel und das Unwissen, die ihn umgeben, durch die Konfrontation mit der Möglichkeit der Begnadigung gewinnen. Es zeigt sich, dass der Befehl nur eine Möglichkeit ist, die die andere Möglichkeit in sich trägt wie von da an, auf dem ganzen Weg von Moskau nach Berlin, der Kommandeur den exekutierten Gruppenführer als sein „andres Ich“. Diese andere Möglichkeit, die ihre eigene Möglichkeit negiert, ist ihnen eingeschrieben: dem Befehl die Möglichkeit der Begnadigung, dem Kommandanten die Möglichkeit, dass er selbst der Exekutierte ist („Und immer geht der Tote meinen Schritt“). Zwischen diesen beiden Möglichkeiten herrscht ein „Krieg“, ein Krieg im Kopf des Kommandanten, der „und nach“ dem Recht gehandelt hat. Und „in meinem Kopf der Krieg hört nicht mehr auf“.

Dass der Exekutionsbefehl nach dem Kriegsrecht erfolgt, aber nicht aus dem Wissen des Rechts folgt; dass die Frage des Leutnants „Haben wir das Recht“? ohne Antwort bleibt; dass der Befehl im Recht keinen zureichenden Grund hat – darin kündigt sich nicht die harte Notwendigkeit an, durch Suspendierung der abschließenden Klärung der Rechtsfrage die Rechtsordnung zu bewahren, sondern, im Gegenteil, die Möglichkeit der Utopie. Die Utopie ist aber nicht das Reich der Gnade jenseits des Rechts. Das Versprechen eines Jenseits des Rechts führt nur (Shylock hat es erfahren[68]) zur Verkehrung des Rechts in Unrecht. Denn die Herrschaft des Rechts ist die der Gleichheit der Bürger; jenseits des Rechts herrscht die Ungleichheit. Die Utopie, die sich im Zweifel darüber ankündigt, ob die Exekution im Recht begründet, durch das Recht notwendig ist, und die sich seiner Suspendierung entgegensetzt, besteht nicht in der Transzendierung des Rechts, sondern in seiner Depotenzierung: indem das Recht und seine Anwendung zu einer Möglichkeit werden. Die Utopie ist die Gleichheit der Möglichkeit zwischen der rechtlichen Gleichheit der Bürger *und* der nichtrechtlichen Ungleichheit als Nicht-Bürger. Diese utopische Gleichheit zweier Möglichkeiten ist kein Kriterium oder Grund. Sie gibt kein Maß der Entscheidung vor, sondern verlangt von jeder Entscheidung – ebenso der nach dem Recht wie der gegen das Recht –, dass sie aus deren Selbstreflexion erfolgt: aus der Selbstreflexion in ihrem Verhältnis, dem Verhältnis, das sie ausmacht.

Weil er genau das tut, gewinnt der Exekutionsbefehl des Kommandeurs – der Befehl zur Exekution „und nach dem Kriegsrecht" –, bei all seiner offensichtlichen Gewalt, ein utopisches Moment. Er erfolgt *nach* dem Kriegsrecht *und* im Verhältnis zum Nichtrecht. Im Exekutionsbefehl des Kommandanten sind beide zur gleichen Möglichkeit geworden, haben denselben „Realitätsgrad" gewonnen. Auch wenn sich zuletzt das Recht gegen das Nichtrecht durchsetzt, der Kommandant nicht die Begnadigung, sondern die Exekution befiehlt, behauptet und vollstreckt er darin nicht mehr das Recht des Rechts gegen das Nichtrecht. Das Utopische seines Befehls liegt in seinem Wie: darin, dass er das Recht im Bezug zum Nichtrechtlichen selbst zu etwas Nichtrechtlichem entsetzt. Deshalb entlastet sich der Kommandant nicht von der Verantwortung für seine Entscheidung, indem er sie dem Recht zuschiebt. Und deshalb verlangt der Kommandant auch nicht für seinen Befehl, wie für ein rechtliches Urteil, die Zustimmung des Verurteilten. Sein Befehl lässt die Exekution genau als das erscheinen, was sie ist: offene Gewalt – während das Recht alle offene zu schicksalhafter Gewalt verewigt. Deshalb hört der Krieg im Kopf des Kommandanten, der Krieg zwischen dem Recht und dem Nichtrechtlichen, zwischen dem Recht des Rechts und dem Nichtrecht des Rechts nicht mehr auf.

***

Die Entsetzung des Rechts ist weder das Ende des Rechts noch der Beginn der Gewaltlosigkeit. Sie ist die Durchbrechung der schicksalhaften Gewalt, die das Recht ausübt, weil es sich im Recht gegen das Nichtrechtliche glaubt. Die Entsetzung des Rechts beendet den Krieg des Rechts gegen das Nichtrecht, indem sie diesen Krieg im Recht beginnt. Das „entsetzte", zugleich entmachtete und befreite Recht steht im Krieg mit sich selbst.

7. Recht wider Willen

Das durch seine Selbstreflexion entsetzte Recht steht im Kampf mit sich selbst. Die Entsetzung des Rechts macht weder „Schluß mit dem Gericht“[69] – denn die Möglichkeit des Urteils („und nach“ dem Recht) bleibt in dem selbstreflexiven Vollzug des Rechts erhalten; der selbstreflexive Vollzug des Rechts macht Schluss mit dem Schlussmachen, sei es des Gerichts oder des Gerichts über das Gericht. Noch kann die Entsetzung das Recht „in Spielzeug“ verwandeln und damit das „Tor zu einem neuen Glück“ öffnen[70] – denn die Selbstreflexion des Rechts führt in eine Paradoxie, die kein Jenseits des Streits, der Gewalt und des Leidens verspricht, gegen die das Recht antritt und die es doch wieder in sich wiederholt. Der selbstreflexive Vollzug verspricht nur ein Recht, das das von sich weiß.

Deshalb besteht der selbstreflexive Vollzug des Rechts darin, dass das Recht – wie es Adorno vom ästhetischen Geschmack gesagt hat* – „gegen sich selbst

* „Geschmack ist der treueste Seismograph der historischen Erfahrung. Wie kaum ein anderes Vermögen ist er fähig, sogar das eigene Verhalten aufzuzeichnen. Er reagiert gegen sich selbst und erkennt sich als geschmacklos. Künstler, die abstoßen, chokieren, Sprecher der ungemilderten Grausamkeit lassen in ihrer Idiosynkrasie vom Geschmack sich leiten: das Genre Still und Fein jedoch, die Domäne der neuromantisch Nervösen, Sensiblen liegt selbst bei ihren Protagonisten als so derb und ahnungslos zutage wie der Rilkevers ‚Denn Armut ist ein großer Glanz aus Innen…‘ Der zarte Schauder, das Pathos des Verschiedenseins sind nur noch genormte Masken im Kult der Unterdrückung. Gerade den ästhetisch avancierten Nerven ist das selbstgerecht Ästhetische unerträglich geworden. So durch und durch geschichtlich ist das Individuum, dass es mit dem feinen Gefädel seiner spätbürgerlichen Organisation zu rebellieren vermag. Im Widerwillen gegen allen künstlerischen Subjektivismus, gegen Ausdruck und Beseeltheit sträuben sich die Haare gegen den

reagiert" und sich als rechtlos erkennt. Das selbstreflexive, entsetzte Recht ist ein Recht, das *Widerwillen* gegen sich selbst hat: dem sich die Haare gegen sich selbst sträuben; ein Recht wider Willen – das Recht der Widerwilligen.

Mangel an historischem Takt, nicht anders als nur je der Subjektivismus selber vor den bürgerlichen Convenus zurückzuckte." (Adorno, *Minima Moralia*, S. 191.)

ANMERKUNGEN

[1] Kant, *Metaphysik der Sitten*, „Metaphysische Anfangsgründe der Rechtslehre", § 42, A 158.
[2] Habermas, *Faktizität und Geltung*, S. 471.
[3] Kant, *Metaphysik der Sitten*, „Rechtslehre", Einleitung, § E, AB 36.
[4] Luhmann, *Rechtssoziologie*, S. 108.
[5] Habermas, *Faktizität und Geltung*, S. 45–60. Wie Habermas festhält, bleibt dieses Problem in der Rechtstheorie des sogenannten „Politischen Liberalismus" systematisch ausgeklammert: „Rawls konzentriert sich auf Fragen der Legitimität des Rechts, ohne die Rechtsform als solche und damit die *institutionelle Dimension* des Rechts zu thematisieren. Das an der Rechtsgeltung Spezifische, die dem Recht selbst innewohnende Spannung von Faktizität und Geltung kommt nicht in den Blick" (ebd., S. 88). Die Ausklammerung der Gewaltfrage geschieht explizit bei Ronald Dworkin, der zwischen „grounds and force of law" unterscheidet (Dworkin, *Law's Empire*, S. 108–113), um von da ab nur noch über die Gründe, über die – gewaltfreie – Rechtfertigung des Rechts zu reden. Es überrascht dann nicht mehr, dass Dworkin am Schluss behauptet, das Recht sei „finally, a fraternal attitude, an expression of how we are united in community though divided in project, interest, and conviction" (ebd., S. 413).
[6] Luhmann, *Macht*, S. 64. Luhmann redet hier nicht speziell über das Recht, sondern generell über das Verhältnis von Macht und Gewalt, die er, wie Hannah Arendt (*Macht und Gewalt*, S. 52f.), in ihrer Operationsweise strikt unterscheidet: Macht ist „Übertragen von Selektionsleistungen" (Luhmann, *Macht*, S. 11; vgl. auch ebd., S. 60) und setzt damit Alternativen voraus; Gewalt dagegen ist eine „Vermeidungsalternative" (ebd., S. 64). Zum Folgenden vgl. S. 61f.
[7] Luhmann, *Rechtssoziologie*, S. 110, 114.
[8] Eine gute Zusammenfassung dieser kritischen Beschreibung des Rechts (in der seine eigene Position keineswegs aufgeht, vgl. im vorliegenden Text S. 30) gibt Robert Cover, „Violence and the Word".
[9] Luhmann, *Macht*, S. 64.
[10] In der ursprünglichen Konzeption der *Dialektik der Aufklärung* war nicht Odysseus, sondern Ödipus ihr Held.
[11] Der Naturzustand ist „fiktiv" in dem Sinn, dass er gemacht, erfunden oder hervorgebracht ist. Und zwar ist er gemacht durch eben den Rechtszustand, der sich als Antwort auf ihn präsentiert. Der Naturzustand geht dem Rechtszustand nicht vorher (wie es die Philosophien der Legitimation vorstellen), sondern ist dessen eigenes Produkt. Vgl. dazu den Abschnitt I.5.
[12] Aischylos, *Eumeniden*, 490f. Ich zitiere die *Orestie* nach: Aischylos, *Tragödien und Fragmente*, übers. v. Oskar Werner.
[13] *Agamemnon*, 55–59, 130, 135f.
[14] Hénaff, *Der Preis der Wahrheit*, S. 331.
[15] Girard, *Das Heilige und die Gewalt*, S. 28. Girard schreibt, dass es so „in der griechischen Tragödie beispielsweise" erscheine (ebd., S. 29). Der Zusammenhang ist sehr viel enger: Erst (und nur) in der Tragödie erscheint die Rache so.

Darauf hat Hénaff zurecht hingewiesen (vgl. Hénaff, *Der Preis der Wahrheit*, S. 346). Er erklärt diesen Zusammenhang aber so, dass die Tragödie die Partei der Polis gegen die Rache ergreife. Die negative Bewertung der Rache in der Tragödie folgt jedoch bereits aus der Logik ihrer Darstellung: Erst und nur einer Weise des Darstellens, die alles, was sie darstellt, nicht einfach, sondern zweifach (er-) zählt, kann die Rache so erscheinen.

[16] Vgl. Heideggers Bemerkung zum Verfahrensbegriff bei Platon: Heidegger, *Parmenides*, S. 189f. Vgl. auch Foucault, „Die Wahrheit und die juristischen Formen". – Zur Ungewissheit über den Ausgang als einer Grundbedingung aller Verfahren, auch der des Rechts, siehe Niklas Luhmann, *Legitimation durch Verfahren*, S. 40, 116.

[17] So eine Grundthese von Christian Meier, „Aischylos' Eumeniden und das Aufkommen des Politischen". Vgl auch die Erläuterung der Gleichheit als Isonomie in Meier, *Entstehung des Begriffs ‚Demokratie'*, S. 36ff.

[18] Für einen knappen Überblick über das Hin-und-her zwischen beiden Auffassungen in Athen siehe Christoph-Maximilian Zeitler, *Zwischen Formalismus und Freiheit. Das Rechts- und Richterbild im attischen Recht am Beispiel des Prozesses gegen Sokrates*, S. 17–51. Dazu auch Meier, „Aischylos' Eumeniden und das Aufkommen des Politischen", S. 214ff.

[19] Zum antidemokratischen Charakter der Herrschaft des Rechts (und ihrer rechtsphilosophischen Legitimation im Liberalismus) vgl. Walzer, „Democracy and Philosophy". Ein schönes Beispiel dafür ist Dworkins Satz: „The courts are the capitals of law's empire, and judges are its princes" (*Law's Empire*, S. 407).

[20] Cover, „Nomos and Narrative", S. 139f. Vgl. auch die prägnante Zusammenfassung auf S. 155: „Judges are people of violence. Because of the violence they command, judges characteristically do not create the law, but kill it. Theirs is the jurispathic office. Confronting the luxuriant growth of a hundred legal traditions, they assert that this one is law and destroy or try to destroy the rest."

[21] Aischylos, *Die Orestie*, übers. v. Emil Staiger.

[22] Euripides, *Orestes*, 256, 261, in: des., *Tragödien*, Bd. II, S. 235–300.

[23] So beschreibt Hegel das „unbefangene Unrecht" in: *Grundlinien der Philosophie des Rechts*, §§ 84–86.

[24] Für die Gerechtigkeit der Rache gilt: „Es ist *noch keine Tat* begangen" (Hegel, *Phänomenologie des Geistes*, S. 342).

[25] Diese Struktur des Verhältnisses zwischen dem Recht und dem Nicht- oder Außerrechtlichen – das das Recht zugleich immer weiter hervorbringen und immer wieder unterdrücken muss; das also zum Recht gehört und zugleich das Andere gegenüber dem Recht ist – hat Giorgio Agamben in kritischer Auseinandersetzung mit Schmitts Begriff der Ausnahme beschrieben: vgl. Agamben, *Ausnahmezustand*, S. 32f. Das Recht kann dem Außerrechtlichen gegenüber nicht rechtsförmig zur Geltung gebracht werden: vgl. ebd., S. 51, 72f.

[26] Sophokles, *König Ödipus*, 95–98. – Zum Folgenden vgl. Menke, *Die Gegenwart der Tragödie*, Teil I: „Der Exzeß des Urteils. Eine Lektüre von *König Ödipus*".

[27] Rache und Opfer unterscheiden sich (nur) darin, dass das Opfer eine gerechtigkeitswiederherstellende Gewalttat ist, auf die keine Antwort mehr erfolgt, weil sie selbst nicht als maßlos, weil nicht als Tat erfahren wird. Das Opfer ist „jene Gewalt, die kein Risiko der Rache in sich birgt" (Girard, *Das*

Heilige und die Gewalt, S. 26): mit der es gut ist. Die Tragödie setzt mit der Erfahrung ein, dass das von keinem Opfer mehr geglaubt wird: Agamemnons Opferung von Iphigenie muss gerächt werden, usw.

[28] Hölderlin, „Anmerkungen zum Oedipus", S. 731f.

[29] „[U]nd ebenso soll der nächste Anverwandte des Ermordeten innerhalb des Grades der Geschwisterkinder väterlicher- und mütterlicherseits, dem die gesetzliche Verpflichtung obliegen soll den Mörder zu verfolgen und jene Ausschließung von allem menschlichen Verkehr gegen ihn auszusprechen, falls er das Eine oder Andere versäumt, zuvörderst selber für einen mit Blutschuld Befleckten und den Göttern Verfeindeten vor der öffentlichen Stimme gelten, wie diese durch den Fluch des Gesetzes (*nómon arā*) erzeugt wird, und fürs zweite zur gerichtlichen Rechenschaft gezogen werden dürfen von Jedem welcher den Beruf dazu fühlt dem Gemordeten zu seinem Rechte zu verhelfen" (Platon, *Nomoi*, 871b).

[30] Das unterscheidet den Fluch des Gesetzes von dem „Bann", den – so Agamben im Anschluss an Jean-Luc Nancy – der Souverän im Namen und zugleich in Suspension des Rechts über das Außerrechtliche (das „Leben") verhängt; vgl. Agamben, *Homo Sacer. Die souveräne Macht und das nackte Leben*, S. 39f. Der Fluch des Gesetzes besteht darin, dass das Recht jeden verdammt, diesen Bann *selbst über sich* zu verhängen (oder zum autonomen „Subjekt" des Rechts zu werden). So lautet die zentrale These von Michel Foucaults *Überwachen und Strafen*, die Agambens Fixierung auf den Souveränitätsbegriff *verfehlt*. Vgl. auch Gilles Deleuzes Hinweis, dass mit dem Christentum, aber „präfiguiert" durch Ödipus, „Sich-selbst-Auslosen und Sich-selbst-Bestrafen zu den Merkmalen des neuen Gerichts oder des modernen Tragischen" werden (Deleuze, „Schluß mit dem Gericht", S. 175).

[31] Es ist richtig: Nach rechtlichem Maß hätte sich Ödipus nicht verurteilen müssen. Denn natürlich weiß er (besser als jeder anderer: *Ödipus*, 124f., 224ff.), dass er des Mords und Inzests nicht rechtlich schuldig ist, weil er sie nicht wissentlich begangen hat (also den Mord schon, aber nicht als Vatermord). Deshalb, so lässt sich gegen Ödipus' Selbstverurteilung weiter argumentieren, fällt er auch nicht unter die Bedingungen, an die sein Fluch geknüpft ist. Denn der Fluch richtet sich – nur – gegen diejenigen, die ihr Wissen zurückhalten; aber das kann man nur wissentlich. Gleichwohl steht für Ödipus in dem Moment, in dem er als Täter feststeht, auch fest, dass er verurteilt, weil durch sich selbst verflucht ist. Der Grund dafür (so möchte ich nahelegen) liegt nicht allein in der Schwere seiner Taten, sondern in der Urteilsform: Das rechtliche Urteilen richtet sich auf Subjekte; was sie wem wie angetan haben. Aber dieses rechtliche Urteilen, so erweist sich hier, beruht – weiterhin – auf einem vorrechtlichen Urteilen, das sich auf Geschehen oder das durch Geschichten richtet: Urteilen darüber, dass das Geschehene schlecht oder gut war. Warum muss das rechtliche Urteilen weiterhin, immer weiter auf dieses vorrechtliche Urteilen zurückgreifen? Weil dieses die Grundform der Normativität darstellt, aus der sich auch noch das Wissen des Rechts um Recht und Unrecht speist. Das Recht nimmt (in Ödipus' Selbstverurteilung) vorrechtliche Form an, wo es nicht um die Anwendung dieser oder jener gesetzlichen Regelung oder die Durchsetzung der einen Deutung des Gesetzes gegen die andere, sondern wo

es um das Gesetz des Gesetzes – die Normativität des Rechts überhaupt – geht. Ödipus urteilt gerade deshalb vorrechtlich, weil es darin um das Recht als solches geht: weil er sich in seiner Selbstverurteilung als Rechtloser dem Recht unterwirft. Gegenüber den Rechtlosen nimmt das Recht vorrechtliche Gestalt an: Seine Urteile über Taten erscheinen als Feststellungen von Tatsachen. In seiner Selbstbestrafung bestraft sich Ödipus dafür, dass er, daher doch im genauen Sinn seines Fluches, ein Außerrechtlicher war.

[32] Siehe Beccaria, *Über Verbrechen und Strafen*. – Den Übergang zu dieser Antwort hat Michel Foucault rekonstruiert, vgl. *Überwachen und Strafen*, S. 133ff.

[33] Benjamin, „Zur Kritik der Gewalt". Im Folgenden zitiert mit der Sigle *Kritik*.

[34] Vgl. oben, Vorbemerkung, S. 8f.

[35] Der Rache und dem Recht entsprechen zwei verschiedene Formen des Schicksals: das mythische und das tragische Schicksal, das Verhängnis und der Umschlag, der Fluch und die Ironie.

[36] Zur Dialektik des Bruchs mit und Rückfalls in den Mythos siehe Max Horkheimer und Theodor W. Adorno, *Dialektik der Aufklärung*. Diese Dialektik beziehen sie (in einer Bemerkung, die als Kritik an Benjamin gelesen werden kann) auch aufs Recht: „Schon in der Geduld des Odysseus, deutlich nach dem Freiermord geht die Rache in die juridische Prozedur über: gerade die endliche Erfüllung des mythischen Dranges wird zum sachlichen Instrument der Herrschaft. Recht ist die entsagende Rache. Indem jedoch solche richterliche Geduld an einem außerhalb ihrer selbst Liegenden, der Sehnsucht nach der Heimat sich bildet, gewinnt sie die Züge des Menschlichen, fast des Vertrauenden, die über die je verschobene Rache hinausweisen. In der entfalteten bürgerlichen Gesellschaft dann wird beides kassiert: mit dem Gedanken an Rache verfällt auch die Sehnsucht dem Tabu, und das eben ist die Inthronisierung der Rache, vermittelt als Rache des Selbst an sich" (ebd., S. 74 Anm.).

[37] Ich reformuliere hier in gedrängter Form Jacques Derridas ausführliche Kritik an Benjamins Programm einer Rechts-„Kritik": vgl. Derrida, *Gesetzeskraft*, vor allem Teil II. Zu dieser Kontroverse siehe Haverkamp (Hg.), *Gewalt und Gerechtigkeit. Derrida–Benjamin*. Zur Möglichkeit, Benjamins Figuren der „göttlichen", „reinen" oder „revolutionären" Gewalt *mit* Derrida zu lesen, siehe Bettine Menke, „Benjamin vor dem Gesetz. Die *Kritik der Gewalt* in der Lektüre Derridas".

[38] Vgl. Agamben, *Ausnahmezustand*, Kap. 4. (Damit sollte das Geraune über eine vermeintliche „Übereinstimmung zwischen den Extremen" Benjamin und Schmitt ein Ende haben.)

[39] Vgl. oben, S. 55.

[40] Vgl. die Einträge zu „Entsetzung" im *Deutschen Rechtswörterbuch* sowie in Jacob und Wilhelm Grimm, *Deutsches Wörterbuch*, Sp. 623–625: „**1)** *abrogatio, dejectio de gradu, ademtio muneris:* entsetzung eines edlen zû einem unedlen. MAALER 106a.b; excommunicatio, [...] **2)** *liberatio urbis, exercitus:* damit der kriegsherr, wenn er von ihnen, wie die besatzung so wol versehen, auch wie das volk darinnen so beherzt sei, erfehrt, ein entsetzung darob empfahe. FRONSPERG 1, 96."

[41] Das ist Heideggers Reaktion auf die Gewalt des Rechts, die er klar bezeichnet hat: vgl. Heidegger, *Parmenides*, § 3, S. 59–62 zum befehlenden, ‚imperialen'

Charakter des Rechts, und ders., „Der Spruch des Anaximander" zur Idee einer vorrechtlichen – präsubjektiven, nicht-prozeduralen und -politischen – Gerechtigkeit. Vgl. auch (unter Berufung auf Heidegger) Wolf, *Griechisches Rechtsdenken*, S. 218–234.

[42] Schmitt, *Politische Theologie*, S. 19. Schmitt versteht die „Voraussetzung" für die Rechtsanwendung als „Normalität" und beschreibt Normalität als Abwesenheit von Chaos, als Ordnung vor der Rechtsordnung (vgl. ebd., S. 20). Recht verstanden muss Normalität aber als Normativität: als Bereitschaft und Fähigkeit zur Normorientierung verstanden werden.

[43] In dieser ästhetischen Utopie der Erziehung stimmt Cover mit Benjamin überein: vgl. Covers Entgegensetzung des „paideischen" und des „imperialen" Gesetzes (Cover, „Nomos and Narrative", S. 105f.). – Zu einem anderen Begriff der Erziehung bei Benjamin (der dem im Folgenden skizzierten reflexiven Modell der Rechtsentsetzung entspricht) siehe Agamben, *Das Offene*, S. 91.

[44] Luhmann, *Das Recht der Gesellschaft*, S. 174. Zur Selbstreflexion des Rechts siehe Menke, „Subjektive Rechte: Zur Paradoxie der Form".

[45] Kleist, *Der Zerbrochne Krug*. Zu einigen Details der folgenden Interpretation siehe Menke, „Nach dem Gesetz. Zum Schluß des *Zerbrochnen Krugs*".

[46] Vgl. *Allgemeines Landrecht für die Preußischen Staaten von 1794*, Zweyter Theil, Zehnter Titel: „Von den Recht und Pflichten der Diener des Staates", §§ 94–103: „Niederlegung, Entsetzung, und Verabschiedung" (ebd., S. 541). Im Siebzehnten Titel, der unter anderem von der Gerichtsbarkeit handelt, heißt es unter der Überschrift „Mißbrauch der Gerichtsbarkeit": „Wer seine Gerichtsbarkeit zum Druck der Gerichtsgesessenen mißbraucht, soll, außer der sonst verwirkten Strafe, derselben für seine Person auf immer verlustig erklärt werden" (ebd., § 85, S. 623). Im Zwanzigsten Titel, Achter Abschnitt („Von den Verbrechen der Diener des Staates") wird die Amtsentsetzung unter den „Strafe[n] pflichtwidriger Justizbedienten" (ebd., §§ 366–408) behandelt. – Vgl. auch Theodore Ziolkowski, „Kleists Werk im Lichte der zeitgenössischen Rechtskontroverse", S. 46f.

[47] Das Recht zu schweigen geht auf prozessrechtliche Neuerungen im 16. und 17. Jahrhundert zurück. Zu Herkunft und Sinn dieses Rechtsinstituts vgl. Constable, *Just Silences. The Limits and Possibilities of Modern Law*.

[48] Kleists Adam zitiert hier Kant, der von einem „doppelte[n] Selbst" spricht, dessen Bestimmung es ist, „einerseits vor den Schranken des Gerichtshofes, der doch ihm selbst anvertraut ist, zitternd stehen zu müssen, andererseits aber das Richteramt aus angeborener Autorität selbst in Händen zu haben". „Ich, der Kläger und doch auch Angeklagter, bin derselbe *Mensch* (numero idem)" (Kant, *Metaphysik der Sitten*, A 100 Anm.; mit Dank an Marina Martínez Mateo). Freilich: Die Pflicht des Menschen, „Richter über sich selbst" zu sein, ist eine Tugend-, keine Rechtspflicht. Das heißt, sie kann nicht als Gehalt eines Rechtsgesetzes vorgestellt werden. Aber nicht, weil das Recht ihrer nicht bedarf, sondern, im Gegenteil, weil es ohne sie gar kein Gesetz gibt; sie ist deshalb nicht *ein* (Rechts-) Gesetz, weil sie das Gesetz des Gesetzes ist.

[49] Von Adam wird gesagt, dass er „sonderbar zerstreut" sei (*Krug*, VII 557). Aber das gilt nicht nur für ihn: Immer wieder verlaufen sich die Befragungen, weil der Befragte über alles Mögliche spricht, das „zur Sache nicht gehört" (VII 676),

und von „Dingen“ redet, die der verhandelten „Klage fremd“ sind (VII 712f.); weil der Fragende vergisst, was er wissen wollte, und von vornherein nicht richtig zugehört hatte (VII 545–552). Häufig verlieren sich die Beteiligten in nebensächlichen und immer weiteren Streitigkeiten, in ihren Gedanken, Träumen und Erzählungen, aus denen sie begriffsstutzig – Was? Wie? – aufschrecken.

[50] Dass es das nicht bleiben kann, deutet der kurze letzte, dreizehnte Auftritt an, in dem Frau Marthe androht, dass „dem Kruge [...] sein Recht geschehn“ soll (*Krug*, XIII 1971) und sie sich dafür nach Utrecht an die „Regierung“ wenden wolle. Damit könnte eine neue Geschichte beginnen (die nicht für ein Lustspiel taugt): die Geschichte der Marthe Kohlhaas.

[51] Kleist, *Sämtliche Werke*, Bd. I.3, S. 414 (anstatt der Zeilen XII 1965f. der Druckfassung).

[52] Nietzsche, *Zur Genealogie der Moral*, II.15, S. 321.

[53] *Corpus Iuris Civilis – Die Institutionen*, 3.13, S. 171.

[54] Marx, „Zur Judenfrage“, S. 356, 360.

[55] Robespierre, „Über die Grundsätze der politischen Moral, die den Nationalkonvent bei der inneren Verwaltung der Republik leiten sollen [5. Februar 1794]“, S. 594.

[56] Constant, „Über die Freiheit der Alten im Vergleich zu der der Heutigen“, S. 369. Die „politische Freiheit der Alten“ ist nichts anderes als die von Rousseau beschriebene Gleichheit des Bürgers in der Teilnahme am Recht.

[57] Weber, *Wirtschaft und Gesellschaft*, S. 398.

[58] Ebd., S. 419.

[59] Ebd., S. 439.

[60] Ebd., S. 440.

[61] Vgl. Menke, „Subjektive Rechte: Zur Paradoxie der Form“, S. 95ff. – Zur Kritik des liberalen Dualismus siehe Habermas, „Naturrecht und Revolution“. – Es ist offensichtlich *keine* Lösung, den „Dualismus“, der nach bürgerlich-liberalem Verständnis in die Figur der subjektiven Rechte eingebaut ist, dadurch überwinden zu wollen, dass „die Einräumung eines subjektiven Rechts“ statt dessen als „die Gewährung der Teilnahme an der Rechtserzeugung“ gedeutet wird (Kelsen, *Reine Rechtslehre*, S. 61). Diese Deutung ist doppelt falsch: Sie verkennt das Funktionieren subjektiver Rechte; und sie gibt den ursprünglich liberalen Impuls zur Befreiung vom Recht preis. Vgl. dazu auch Menke, „Das Nichtanerkennbare. Oder warum das moderne Recht keine ‚Sphäre der Anerkennung‘ ist“. – Eine ausführliche Diskussion dieses Problems würde eine kritische Auseinandersetzung mit Habermas’ Reformulierung von Kants Unterscheidung zwischen Moralität und Legalität (vgl. Kant, *Metaphysik der Sitten*, Einleitung, III, AB 13ff.) verlangen. Denn anders als der klassische Liberalismus macht Habermas deutlich, dass die Anerkennung der normativ freigesetzten „privaten Autonomie“ als Gehalt des Rechts eine Neubestimmung auch der „politischen Autonomie“ als *Grund* des Rechts verlangt. Auch diese muss in sich gespalten sein: in rechtlich-politische und moralische Autonomie (vgl. Habermas, *Faktizität und Geltung*, S. 135–151). Habermas beschreibt dies als die „moralisch[e] Arbeitsteilung“ (ebd., S. 149) zwischen Recht und Moral, die sicherstellen soll, dass die Rechtsteilnehmer von den „Zumutungen“ (Habermas) der autonomen Selbstbeurteilung, die Ödipus als Fluch

erfährt, freigestellt sind. Diese Sicherstellung scheint mir in letzter Konsequenz die Normativität des Rechts selbst in Frage zu stellen. Siehe dazu auch Anm. 48.

[62] Vgl. dazu die Abschnitte I.3. und I.5.

[63] Luhmann, *Das Recht der Gesellschaft*, S. 92. (Die Formulierung bezieht sich darauf, wie „das System", nicht nur des Rechts, durch Internalisierung der Unterscheidung von System und Umwelt „als Unterschied von Selbstreferenz und Fremdreferenz [...] die Freiheit eines ‚Führungswechsels' der Referenzen, einer Schwerpunktverlagerung von Selbstreferenz auf Fremdreferenz und zurück" gewinnt.)

[64] Vgl. die Analyse der „Aporien" des rechtlichen Entscheidens in Derrida, *Gesetzeskraft*, S. 46-59. – Der Unterschied der folgenden Beschreibung zu Derrida liegt (nur) darin, dass die Aporie des rechtlichen Urteilens hier als selbstreflexive Entfaltung des Unterschieds von Recht und Nichtrechtlichem im Recht verstanden wird.

[65] Müller, *Wolokolamsker Chaussee I: Russische Eröffnung*. – Ich verdanke Hans-Thies Lehmann den Hinweis auf diesen Text und seine Bedeutung und Robin Celikates, Thomas Khurana, Daniel Loick und Katrin Trüstedt kritische Kommentare zu einer ersten Fassung meiner Deutung.

[66] Müller, „Zur Inszenierung", in: *Werke*, Bd. 5, S. 97.

[67] Die Gnade ist die andere Form der Souveränität, die in Schmitts Theorie systematisch abwesend ist. Vgl. Menke, „Gnade und Recht. Carl Schmitts Begriff der Souveränität".

[68] Vgl. Derrida, „What Is a ‚Relevant' Translation?", S. 183ff.

[69] So Deleuze, „Schluß mit dem Gericht", S. 175.

[70] Agamben, *Profanierungen*, S. 73f.

BIBLIOGRAPHIE

ADORNO, Theodor W.: *Minima Moralia. Reflexionen aus dem beschädigten Leben*, Frankfurt am Main: Suhrkamp 1978.

AGAMBEN, Giorgio: *Homo Sacer. Die souveräne Macht und das nackte Leben*, Frankfurt am Main: Suhrkamp 2002.

— *Das Offene. Der Mensch und das Tier*, Frankfurt am Main: Suhrkamp 2003.

— *Ausnahmezustand. Homo sacer II.1*, Frankfurt am Main: Suhrkamp 2004.

— *Profanierungen*, Frankfurt am Main: Suhrkamp 2005.

AISCHYLOS: *Tragödien und Fragmente*, übers. v. Oskar Werner, München, Zürich: Artemis [4]1988.

— *Die Orestie*, übers. v. Emil Staiger, Stuttgart: Reclam 2008.

Allgemeines Landrecht für die Preußischen Staaten von 1794, Einl. v. Hans Hattenhauer, Frankfurt am Main, Berlin: Alfred Metzner 1970.

ARENDT, Hannah: *Macht und Gewalt*, München, Zürich: Piper 1993.

ARISTOTELES: *Poetik*, Stuttgart: Reclam 1982.

BECCARIA, Cesare: *Über Verbrechen und Strafen*, Frankfurt am Main, Leipzig: Insel 1996.

BENJAMIN, Walter: „Zur Kritik der Gewalt", in: *Gesammelte Schriften*, Bd. II, Frankfurt am Main: Suhrkamp 1977, S. 179–203 [zitiert mit der Sigle *Kritik*].

BEK, Alexander: *Die Wolokolamsker Chaussee*, Berlin: Deutscher Militärverlag [2]1963.

CONSTABLE, Marianne: *Just Silences. The Limits and Possibilities of Modern Law*, Princeton, Oxford: Princeton University Press 2005.

CONSTANT, Benjamin: „Über die Freiheit der Alten im Vergleich zu der der Heutigen", in: *Werke*, Bd. IV, Berlin: Propyläen 1972, S. 363–396.

Corpus Iuris Civilis – Die Institutionen, hg. v. Okko Behrends, Rolf Knütel, Berthold Kupisch und Hans Hermann Seiler, Heidelberg: UTB 2007.

COVER, Robert: „Nomos and Narrative", in: ders., *Narrative, Violence, and the Law*, Ann Arbor: The University of Michigan Press 1992, S. 95–172.

— „Violence and the Word", in: ders., *Narrative, Violence, and the Law*, S. 203–238.

DELEUZE, Gilles: „Schluß mit dem Gericht", in: ders., *Kritik und Klinik*, Frankfurt am Main: Suhrkamp 2000, S. 171–183.

DERRIDA, Jacques: *Gesetzeskraft. Der „mystische Grund der Autorität"*, Frankfurt am Main: Suhrkamp 1991.

— „What Is a ‚Relevant' Translation?", in: *Critical Inquiry* 27 (2001), S. 174–200.

Deutsches Rechtswörterbuch, in: http://drw-www.adw.uni-heidelberg.de/drw/ (aufgerufen im Mai 2011).

DWORKIN, Ronald: *Law's Empire*, Cambridge, Massachusetts: The Belknap Press 1986.

EURIPIDES: *Tragödien*, übers. v. Johann J. C. Donner und Richard Kannicht, Stuttgart: Kröner 1958.

FOUCAULT, Michel: *Überwachen und Strafen. Die Geburt des Gefängnisses*, Frankfurt am Main: Suhrkamp 1977.

— „Die Wahrheit und die juristischen Formen", in: *Schriften*, Bd. II, Frankfurt am Main: Suhrkamp 2002, S. 669–792.

GRIMM, Jacob und Wilhelm: *Deutsches Wörterbuch*, Leipzig: Hirzel 1854–1960.

HABERMAS, Jürgen: *Faktizität und Geltung. Beiträge zur Diskurstheorie des Rechts und des demokratischen Rechtsstaats*, Frankfurt am Main: Suhrkamp 1992.

— „Naturrecht und Revolution", in: ders., *Theorie und Praxis. Sozialphilosophische Studien*, Frankfurt am Main: Suhrkamp 1978, S. 89–127.

HAVERKAMP, Anselm (Hg.): *Gewalt und Gerechtigkeit. Derrida–Benjamin*, Frankfurt am Main: Suhrkamp 1994.

HEGEL, Georg Wilhelm Friedrich: *Grundlinien der Philosophie des Rechts*, in: *Werke*, Bd. 7, Frankfurt am Main: Suhrkamp 1970.

— *Phänomenologie des Geistes*, in: *Werke*, Bd. 3.

HEIDEGGER, Martin: *Parmenides*, in: *Gesamtausgabe*, II. Abteilung, Bd. 54, Frankfurt am Main: Klostermann 1982.

— „Der Spruch des Anaximander", in: ders., *Holzwege*, Frankfurt am Main: Klostermann 1950, S. 296–343.

HÉNAFF, Marcel: *Der Preis der Wahrheit. Gabe, Geld und Philosophie*, Frankfurt am Main: Suhrkamp 2009.

HÖLDERLIN, Friedrich: „Anmerkungen zum Oedipus", in: *Werke und Briefe*, Frankfurt am Main: Insel ²1979, S. 729–736.

HORKHEIMER, Max und Theodor W. ADORNO, *Dialektik der Aufklärung. Philosophische Fragmente*, in: Theodor W. Adorno, *Gesammelte Schriften*, Bd. 3, Frankfurt am Main: Suhrkamp 1981.

GIRARD, René: *Das Heilige und die Gewalt*, Frankfurt am Main: Fischer 1994.

JELLINEK, Georg: *System der subjektiven öffentlichen Rechte*, Freiburg: Mohr 1892 (Reprint Elbron Classics o.O. o.J.).

KANT, Immanuel: *Metaphysik der Sitten*, in: *Werke sechs Bänden*, Bd. IV, Darmstadt: Wissenschaftliche Buchgesellschaft 1965.

KELSEN, Hans: *Reine Rechtslehre. Einleitung in die rechtswissenschaftliche Problematik*, Studienausgabe der 1. Aufl. 1934, Tübingen: Mohr Siebeck 2008.

KLEIST, Heinrich von: *Prinz Friedrich von Homburg*, in: *Werke*, München: Hanser 1966.

— *Der Zerbrochne Krug*, in: *Sämtliche Werke*, Bd. I.3, Basel/Frankfurt am Main: Stroemfeld/Roter Stern 1995 [zitiert mit der Sigle *Krug*].

LUHMANN, Niklas: *Legitimation durch Verfahren*, Neuwied/Berlin: Luchterhand 1969.

— *Macht*, Stuttgart: Enke 1975.
— *Rechtssoziologie*, Opladen: Westdeutscher Verlag [3]1987.
— *Das Recht der Gesellschaft*, Frankfurt am Main: Suhrkamp 1993.

MARX, Karl: „Zur Judenfrage“, in: *MEW*, Bd. 1, Berlin: Dietz 1977, S. 347–377.
MEIER, Christian: „Aischylos' Eumeniden und das Aufkommen des Politischen“, in: ders., *Die Entstehung des Politischen bei den Griechen*, Frankfurt am Main: Suhrkamp 1980, S. 144–246.
— *Entstehung des Begriffs ‚Demokratie‘*, Frankfurt am Main: Suhrkamp 1970.
MENKE, Bettine: „Benjamin vor dem Gesetz. Die *Kritik der Gewalt* in der Lektüre Derridas“, in: Anselm Haverkamp (Hg.), *Gewalt und Gerechtigkeit. Derrida-Benjamin*, S. 217–275.
MENKE, Christoph: *Die Gegenwart der Tragödie. Versuch über Urteil und Spiel*, Frankfurt am Main: Suhrkamp 2005.
— „Gnade und Recht. Carl Schmitts Begriff der Souveränität“, in: ders., *Spiegelungen der Gleichheit. Politische Philosophie nach Adorno und Derrida*, Frankfurt am Main: Suhrkamp 2004.
— „Subjektive Rechte: Zur Paradoxie der Form“, in: Gunther Teubner (Hg.), *Nach Jacques Derrida und Niklas Luhmann. Zur (Un-) Möglichkeit einer Gesellschaftstheorie der Gerechtigkeit*, Stuttgart: Lucius & Lucius 2008, S. 81–108.
— „Das Nichtanerkennbare. Oder warum das moderne Recht keine ‚Sphäre der Anerkennung‘ ist“, in: Rainer Forst, Martin Hartmann, Rahel Jaeggi und Martin Saar (Hg.), *Sozialphilosophie und Kritik*, Frankfurt am Main: Suhrkamp 2009, S. 87–108.
— „Nach dem Gesetz. Zum Schluß des *Zerbrochnen Krugs*“, in: Martina Groß und Patrik Primavesi (Hg.), *Lücken sehen... Beiträge zu Theorie, Literatur und Performance*, Heidelberg 2010, S. 97–112.
MÜLLER, Heiner: *Wolokolamsker Chaussee I: Russische Eröffnung* und *Wolokolamsker Chaussee II: Wald bei Moskau*, in: *Werke*, Bd. 5, Frankfurt am Main: Suhrkamp 2002, S. 85–96 und 195–205.

NIETZSCHE, Friedrich: *Zur Genealogie der Moral*, in: *Kritische Studienausgabe*, Bd. 5, München, Berlin, New York: dtv/de Gruyter 1988.

PLATON: *Nomoi*, in: *Sämtliche Werke*, Bd. 9, Frankfurt am Main: Insel 1991.

ROBESPIERRE, Maximilien: „Über die Grundsätze der politischen Moral, die den Nationalkonvent bei der inneren Verwaltung der Republik leiten sollen [5. Februar 1794]“, in: *Ausgewählte Texte*, Hamburg: Merlin 1989, S. 581–615.
ROUSSEAU, Jean-Jacques: *Vom Gesellschaftsvertrag*, in: *Politische Schriften*, Bd. 1, Paderborn: Schöningh 1977.

SAVIGNY, Friedrich Karl von: *System des heutigen römischen Rechts*, Berlin 1840 (Nachdruck Aalen: Scientia 1981).
SCHMITT, Carl: *Politische Theologie. Vier Kapitel zur Lehre von der Souveränität*, Berlin: Duncker & Humblot 1979.

SHAKESPEARE, William: *The Merchant of Venice*, London: The Arden Shakespeare 2006.

SOPHOKLES: *König Ödipus. Übersetzung, Text, Kommentar*, übers. v. Jean Bollack, Frankfurt am Main, Leipzig: Insel 1994 [zitiert mit der Sigle *Ödipus*].

TOCQUEVILLE, Alexis de: *Über die Demokratie in Amerika*, Zürich: Manesse 1987.

WALZER, Michael: „Democracy and Philosophy", in: *Political Theory*, Bd. 9 (1981), S. 379–399.

WEBER, Max: *Wirtschaft und Gesellschaft. Grundriß der verstehenden Soziologie*, Tübingen: Mohr (Siebeck) 1980.

WOLF, Erik: *Griechisches Rechtsdenken*, Bd. I: *Vorsokratiker und frühe Dichter*, Frankfurt am Main: Klostermann 1950.

ZEITLER, Christoph-Maximilian: *Zwischen Formalismus und Freiheit. Das Rechts- und Richterbild im attischen Recht am Beispiel des Prozesses gegen Sokrates*, Baden-Baden: Nomos 2010.

ZIOLKOWSKI, Theodore: „Kleists Werk im Lichte der zeitgenössischen Rechtskontroverse", in: *Kleist-Jahrbuch* 1987, S. 28–51.

NACHWORT
WIE IST EINE KRITIK DES RECHTS ÜBERHAUPT MÖGLICH?*

Recht und Gewalt ist der kurze, thesenhafte Versuch, die Möglichkeit einer Kritik des Rechts zu erkunden. Im Zentrum dieser Kritik des Rechts steht das Problem der Gewalt. Es steht im Zentrum der Kritik, weil die Erfahrung der Gewalt nicht nur am Anfang, sondern auch am Ende des Rechts steht.

Das Recht setzt ein mit der Erfahrung der Gewalt. Es gibt das Recht, weil es Gewalt gibt, und weil zu sagen, dass es Gewalt gibt, immer schon heißt zu sagen, dass es sie nicht geben soll. Dazu ist das Recht da: um die Gewalt, die der eine dem anderen antut, zu bekämpfen. Aber von Anfang an kann das Recht das nur so tun, dass es die Gewalt in eine Form bringt, mit der es umgehen kann. Das Recht übersetzt die Gewalt, die der eine dem anderen antut, in eine Rechtsverletzung. Die Gewalt des einen gegen den anderen ist immer besonders, immer verschieden; die Verletzung eines Rechts dagegen ist die eines Allgemeinen. Dieses Allgemeine des Rechts ist der gleiche normative Status, der jedem als Person im Recht zukommt: Das Recht übersetzt die Gewalt des einen gegen den anderen in

* Dieses Nachwort ist die ergänzte und überarbeitete Fassung von „Die Kritik des Rechts und das Recht der Kritik", in: *Deutsche Zeitschrift für Philosophie*, Bd. 66 (2018), Heft 2, S. 143–161.

die Verletzung des Allgemeinen, des gleichen rechtlichen Status, den beide teilen.

Das bedeutet zuerst, dass die Bekämpfung der Gewalt im Recht immer nur selektiv sein kann: Das Recht unterscheidet zwischen der Gewalt, die es bekämpft, und der Gewalt, die es als von ihm unerreichbar hinnimmt, ja neutralisiert und dadurch verharmlost. Gegen all die Formen der Gewalt, die das Recht nicht als Verletzung des gleichen rechtlichen Status der Person – so wie das Recht sie zu einem bestimmten Zeitpunkt und Zustand versteht – konzipieren kann, muss es gleichgültig sein. Diese Indifferenz des Rechts ist kein Mangel, den es abstreifen kann. Die Indifferenz des Rechts gründet vielmehr in der Selektivität seiner Adressierung: Nur solche Gewalt, die sich als eine Rechtsverletzung darstellen läßt, ist im Recht bearbeitbar; nur Verletzungen des gleichen Status der Person können vom Recht als Gewalt geahndet werden. Darin liegt die Abstraktheit, die das Recht definiert.

Aus seiner Abstraktheit folgt aber nicht nur, dass das Recht von vielen Formen der Gewalt absehen muss. Aus der Abstraktheit des Rechts folgt vielmehr, dass das Recht selbst Gewalt ausüben muss. Denn dass der Standpunkt des Rechts abstrakt ist, heißt, dass er gegenüber anderen Perspektiven äußerlich ist: Das Recht ist eine notwendig äußerliche Ordnung. Damit steht es anderen Ordnungen gegenüber, *gegen* die das Recht sich gleichwohl durchsetzen muss. Das Recht ist äußerlich und dadurch zugleich die Durchsetzung gegen das ihm Äußerliche. Darin liegt die wesentliche, unabstreifbare Gewalt des Rechts: In der notwendig abstrakten, äußerlichen und zugleich effektiven Weise, in der das Recht gegen die Verletzung der Person vorgeht, reproduziert sich durch das Recht Gewalt.

So lautet die These, die *Recht und Gewalt* noch einmal zu formulieren versucht. Dass *Recht und Gewalt* dies „noch einmal" tut, heißt, dass es eine lange Tradition des Rechtsdenkens gibt, die diesen Doppelcharakter des Rechts erforscht hat. Die wohl wichtigsten Modelle dafür sind in der modernen Philosophie das Denken des jungen Hegel und in der Philosophie der Gegenwart dasjenige von Jacques Derrida. In *Recht und Gewalt* sind diese Modelle allerdings nur im Hintergrund wirksam. Mein Material ist hier das kritische Rechtsdenken der Tragödie (und einiger ihrer modernen Umschriften), das ich zusammen mit Walter Benjamins *Kritik der Gewalt* lese. In dieser doppelten Anknüpfung geht es darum, nach einem Begriff des Rechts zu fragen, der seine beiden Seiten – den Einspruch des Rechts *gegen* die Gewalt und die Ausübung der Gewalt *durch* das Recht – zusammenzudenken vermag. Die Einheit des Begriffs des Rechts besteht in seinem Widerspruch: in dem Widerspruch zwischen seiner Bekämpfung und seiner Ausübung von Gewalt.

Gegen diese These und die Details ihrer Durchführung sind eine Reihe kritischer Einwände erhoben worden.[1] Dabei stehen zwei Komplexe im Zentrum, die den beiden Hauptteilen des Textes entsprechen.

[1] Siehe die Beiträge von María del Rosario Acosta López, Alexander García Düttmann, Alessandro Ferrara, Andreas Fischer-Lescano, Daniel Loick und Ben Morgan in *Law and Violence. Christoph Menke in Dialogue*, Manchester: Manchester University Press 2018; meine Antwort ebd., S. 207–233.

Der *erste* Komplex betrifft den Begriff der Gewalt. Dabei geht es um die Frage nach einem nichtinstrumentellen Verständnis der Gewalt des Rechts. Die These von *Recht und Gewalt* besagt, dass die Gewalt des Rechts nicht seine Mittel definiert, sondern seine Form. Die Gewalt des Rechts ist eine ontologische Bestimmung; sie definiert das Wesen des Rechts: die Art und Weise, wie es ist und operiert. Der *zweite* Komplex betrifft den Begriff der Selbstreflexion, der in *Recht und Gewalt* die Grundfigur eines anderen Rechts umschreibt. Die These von *Recht und Gewalt* besagt, dass das andere Recht nicht ein Recht jenseits der Gewalt des Rechts sein kann, weil das Recht mit seiner Gewalt auch seine Macht der Befreiung verlieren würde. Das andere Recht muss die Schicksalhaftigkeit der rechtlichen Gewalt brechen, ohne sie ihrer Macht des Eingriffs in Verhältnisse der Herrschaft zu berauben.[2]

In der Diskussion beider Komplexe tritt zugleich eine grundlegende Schwierigkeit hervor, die die Möglichkeit einer kritischen Erkenntnis des Rechts – so wie sie in *Recht und Gewalt* im Anschluß an die genannten Autoren versucht wird – als solche in Frage stellt. Denn die Kritik und das Recht stehen nicht in dem einfachen Verhältnis, in dem Erkenntnis und Objekt oder Urteil und Sachverhalt zugleich voneinander getrennt und aufeinander bezogen sind. Die Kritik und das Recht sind unauflösbar miteinander verwoben. Denn auf der

[2] Siehe dazu die Idee der „Gegenrechte" in Christoph Menke, *Kritik der Rechte*, Berlin: Suhrkamp 2015, v.a. Teil IV, sowie ders., „Genealogie, Paradoxie, Transformation: Grundelemente einer Kritik der Rechte", in: Hannah Franzki, Johan Horst, Andreas Fischer-Lescano (Hg.), *Gegenrechte. Recht jenseits des Subjekts*, Tübingen: Mohr (Siebeck) 2018, S. 13–31.

einen Seite ist das Recht einer der ersten und dringlichsten Gegenstände der Kritik: Die Kritik muss stets eine Kritik des Rechts sein oder umfassen. Auf der anderen Seite ist das Recht die erste Instanz oder der wichtigste, machtvollste Agent der Kritik: Das Recht ist selbst definiert durch eine Operation der Kritik. Die Kritik wird vom Recht ausgeführt. Die Kritik des Rechts verstrickt sich daher in eine Aporie: Sie verbleibt innerhalb des Rechts, das sie in Frage zu stellen behauptet.

Die Folge dieser Aporie ist, dass sich in der Kritik des Rechts die Kritik gegen sich selbst wendet. Die Kritik, die sich gegen das Recht richtet, richtet sich zugleich gegen sich selbst; die konsequent durchgeführte Kritik des Rechts wird zur Kritik der Kritik (oder zur Selbstkritik). Aber wenn das zutrifft, dann gilt, dass jede Kritik, wenn sie konsequent durchgeführt (und also zur Kritik der Kritik) wird, eine Kritik ihres eigenen Rechts und damit des rechtlichen, rechtsförmigen Charakters der Kritik werden muss. Die konsequente Kritik wird zur Kritik an ihrer eigenen Rechtlichkeit – der Rechtsförmigkeit der Kritik. Die Kritik des Rechts kann daher die Möglichkeit der Kritik nicht voraussetzen; die Kritik des Rechts muss vielmehr bis zu dem Punkt vorangetrieben werden, an dem das Recht der Kritik selbst in Frage steht.[3]

[3] Das gilt umgekehrt ebenso für das Recht; das Recht und die Kritik teilen dasselbe Schicksal. Wenn das Recht Kritik ist, und wenn die Kritik zur Kritik ihrer Rechtlichkeit werden muss, dann muss auch das Recht – das selbst Kritik ist oder praktiziert – zur Kritik des Rechts werden. Das Recht wird zur Kritik an seinem eigenen Recht (und Gesetz) der Kritik. Eben darauf zielen die Überlegungen in Teil II von *Recht und Gewalt* dazu, wie Benjamins Begriff der „Entsetzung" des Rechts zu verstehen ist.

Diese These wird im Folgenden in drei Schritten entfaltet: Ich reformuliere zunächst die skizzierte Aporie der Kritik, die zur Kritik der Kritik nötigt. Darin geht es um die Möglichkeit des normativen Urteils, das im Zentrum der kritischen Operation steht: Alle Kritik, die im Namen einer Norm urteilt, verfährt rechtsförmig und ist daher keine Kritik des Rechts, sondern seine Apologie (1.). Damit stellt sich die Frage, ob ein anderes Urteilen möglich ist, das nicht rechtsförmig ist und daher auf das Recht angewandt werden kann: ob es also einen Ausweg aus der Aporie der Rechtskritik gibt. Die folgenden Abschnitte beantworten diese Frage, indem sie zunächst ein (form-)genealogisches Verständnis von Kritik entwerfen (2.) und sodann zeigen, wie durch dieses Verständnis von Kritik die Normativität des Urteilens neu bestimmt wird (3.–5.). Dadurch wird erkennbar, dass der Weg in die Aporie, richtig verstanden, auch der Weg aus der Aporie der Rechtskritik ist.

1. Die Aporie der Kritik

Was begründet die paradoxe Verflechtung von Recht und Kritik, die die Aporie der Rechtskritik hervorbringt? Die eine Seite dieser Verflechtung besteht darin, dass die Kritik sich gegen das Recht wendet. Das gilt, wenn wir Michel Foucaults Definition der Kritik folgen: Kritik ist die „Kunst nicht regiert zu werden bzw. [die] Kunst nicht auf diese Weise und um diesen Preis regiert zu werden“.[4]

[4] Michel Foucault, *Was ist Kritik?*, Berlin: Merve 1992, S. 12.

Die Kritik ist die Kritik der Regierung, daran, von einem Anderen regiert zu werden, oder sie richtet sich gegen alle Verhältnisse der Herrschaft (denn Herrschaft ist die Regierung des Einen über oder für den Anderen). Das Recht ist eine der mächtigsten Formen der Herrschaft. Dies gilt nicht nur – wie es offensichtlich ist –, weil das Recht ein Herrschaftsapparat ist, durch den der Staat die Geltung seiner Normen durchsetzt. Das Recht bedarf vielmehr und vor allem deshalb der Kritik, weil das Recht ein strukturelles Merkmal der Normativität als solcher ist. Das Recht ist nicht nur ein besonderes soziales System, das eine historisch je verschiedene Rolle in der Etablierung und Stabilisierung von politischer und sozialer Herrschaft spielt; das Recht ist eine Formbestimmung der Normativität als solcher.

Es gibt keine Normativität, die nicht rechtsförmig ist, d.h. eine rechtsförmige Seite oder Gestalt hat. Sie tritt genau dort auf, wo sich eine Norm von der Praxis trennt, um urteilend in sie intervenieren zu können: um die Praxis von außen – im Namen ihres nach außen getretenen Inneren oder Wesens – regieren zu können.[5]

[5] „Die strukturelle Analogie zwischen Sprache und Recht ist hier aufschlußreich. [...] Im allgemeinen kann man sagen, daß nicht nur Sprache und Recht, sondern alle sozialen Institutionen sich durch einen Prozeß der Entsemantisierung und Suspendierung der konkreten Praxis im unmittelbaren Bezug zur Realität herausgebildet haben. Wie die Grammatik, die ein Sprechen ohne Denotierung hervorbringt, vom Diskurs so etwas wie eine Sprache isoliert hat, und wie das Recht, indem es Bräuche und konkrete Gewohnheiten der Individuen suspendiert, so etwas wie eine Norm isolieren konnte, so verfährt die geduldige Arbeit der Zivilisation in jedem Bereich, indem sie die menschliche Praxis von ihrer konkreten Ausübung trennt und auf diese Weise jenen Überschuß der Signifikation gegenüber der Denotierung schafft, den Lévi-Strauss als erster erkannt hat." (Giorgio Agamben, *Ausnahmezustand*, Frankfurt a.M.: Suhrkamp 2004, S. 47)

Das ist der Moment, in dem jede normative Ordnung durch eine „Ökonomie der Gewalt",[6] also äußerlich – faktisch, nicht normativ – aufeinander einwirkender Kräfte, bestimmt wird. Die Rechtsförmigkeit der Normativität besteht in ihrem Regierungsanspruch (eine Norm, die nicht regiert, ist keine). Und darauf richtet sich die Kritik: Die Kritik, die angetrieben wird von dem Anspruch, nicht so oder dermaßen, „nicht auf diese Weise und um diesen Preis" (Foucault), regiert zu werden, wird zur Kritik des Rechts, weil (oder wenn) sie sich gegen die bestehende normative Ordnung und ihre rechtsförmige Herrschaftsweise richtet. Weil Herrschaft normativ ausgeübt wird und in der Herrschaft des Normativen seine Rechtsförmigkeit liegt, ist die Kritik *als solche* eine Kritik des Rechts.

Auf der anderen Seite ihrer paradoxen Verflechtung steht, dass das Recht selbst eine Praxis der Kritik ist. Ihm verdankt das Wort „Kritik" seine Herkunft: „Terminologisch verwendeten die Griechen die Wortgruppe um *κριν – (κρισις, κςιτήσ, κριτικόσ)* wohl zuerst in der Rechtssphäre, wobei sowohl die Anklage (der Streitvorfall) wie auch das ergangene Urteil (der Streitausgang) damit bezeichnet werden konnte."[7] Wenn

[6] Jacques Derrida, „Gewalt und Metaphysik. Essay über das Denken Emmanuel Lévinas", in: ders., *Die Schrift und die Differenz*, Frankfurt a.M.: Suhrkamp 1972, S. 178. Zu diesem formalen oder ontologischen Gewaltbegriff siehe *Recht und Gewalt*, S. 34–40.

[7] Kurt Röttgers, Artikel „Kritik", in: Otto Brunner, Werner Conze, Reinhart Koselleck (Hg.), *Geschichtliche Grundbegriffe*, Bd. 3, Stuttgart: Klett-Cotta 1982, S. 652; eine etwas vorsichtigere Einschätzung bei Claus v. Bormann, Artikel „Kritik", in: Joachim Ritter, Karlfried Gründer (Hg.), *Historisches Wörterbuch der Philosophie*, Bd. 4, Basel: Schwabe 1976, Sp. 1249.

Platon das Recht eines Jeden reklamiert, über das Urteilen eines anderen wiederum zu urteilen – also: seinen Wahrheitsanspruch zu kritisieren –, dann beschreibt er dies daher als das Recht, „Richter zu sein" über das Urteil des anderen.[8] Der Kritiker, der zwischen wahr und falsch urteilend unterscheidet, ist (wie) ein Richter, weil der Richter bereits ein, wenn nicht der Kritiker ist. Das Recht ist kritisch, weil das Recht die systematische Entfaltung der Operationsweise der normativen Unterscheidung und Entscheidung ist. Das Recht ist nichts anderes als die Rationalisierung der Kunst der normativen Unterscheidung, indem es (i.) ein Verfahren definiert, einschließlich der Autoritätsposition für das Richten (wer ist der Richter?),[9] und (ii.) die Ordnung der Gründe (in Form von Gesetzen) festlegt, die das Urteil rechtfertigen. Das Recht ist die formale, systematische und systemische Organisation, d.h. die Institution oder die Institutionalisierung der Kritik. Und das bedeutet umgekehrt, dass die Kritik, systematisch ausgeführt, rechtsförmig oder rechtlich ist.

Damit nicht genug, kann das Recht nur kritisch-urteilend sein, wenn es auch eine ebenso kritische Erkenntnisweise ausbildet. Das rechtliche Erkennen ist kritisch, weil es hinter die Oberfläche schaut. Das Recht vertraut nicht dem, wie die Dinge erscheinen. Das kann es nicht, weil die Erscheinung die Meinung ist und die Meinungen im Rechtsfall umstritten sind; jede Seite meint Recht zu haben. Deshalb braucht es

[8] *Platon, Theaitetos*, 170d, in: *Sämtliche Werke*, Bd. VI, Frankfurt a.M./Leipzig: Insel 1991.

[9] Zur Prozedur des Rechts siehe *Recht und Gewalt*, S. 20–25.

einen Richter, der über den Parteien steht. Und das hat zumindest das aufklärerische Recht[10] so gedeutet, dass der Richter auch derjenige ist, der hinter die Oberfläche der Meinungen schaut. Er „zieht die Jalousie vor, das Gitter der Kritik, das jeden Laut und jedes Wort prüft"; der Richter ist zugleich ein „Polizeibeamter".[11] Das Recht forscht nach den verborgenen Antrieben, Bedeutungen und Tätern; es betreibt Kritik als Hermeneutik – kritische Hermeneutik. Das Recht ist doppelt kritisch: indem es urteilt oder richtet und indem es dafür forscht und prüft.

Damit stellt sich die Frage, wie sich diese beiden Seiten zueinander verhalten. Die Kritik des Rechts hat eine doppelte, eine objektive und eine subjektive Bedeutung: die Kritik *am* Recht und die Kritik *durch* das Recht, die Kritik, die dem Recht gilt und die das Recht selbst übt oder ist. Kann es aber überhaupt eine Kritik am Recht geben, wenn das Recht selbst bereits (und nichts als) die Praxis der Kritik ist, wenn die Kritik also konstitutiv für das Recht ist?

Der Anspruch einer Kritik des Rechts scheint sich in einer Aporie zu verfangen. Denn entweder handelt es sich um eine *Kritik* am Recht, d.h. einen Akt normativer Unterscheidung, der auf das Recht gerichtet ist – aber dann ist es in Wahrheit nur eine Anwendung des

[10] Dazu Michel Foucault, „Die Wahrheit und die juristischen Formen", in: *Schriften*, Bd. 2, Frankfurt a.M.: Suhrkamp 2002, S. 669–792.

[11] So beschreibt Sören Kierkegaard die Haltung des kritischen Beobachters; siehe Sören Kierkegaard, *Die Wiederholung*, Gütersloh: Gütersloher Verlagshaus 1991, S. 7. Ödipus ist das Paradigma des kritisch untersuchenden Richters; dazu *Recht und Gewalt*, S. 42 f., und ausführlich Christoph Menke. *Die Gegenwart der Tragödie. Versuch über Urteil und Spiel*, Frankfurt a.M.: Suhrkamp 2005, Teil I.

Rechts auf sich selbst. Weil sie ein Akt der Kritik ist, bleibt die Rechtskritik dem Recht immanent. Die Kritik am Recht vollzieht nur die Form oder das Gesetz, die oder das das Recht selbst ausmacht – und ist damit eben keine Kritik *am Recht*, d.h. richtet sich nicht gegen das Recht und seine Regierung. Der Versuch, das Recht zu kritisieren, kann immer nur seine juristische Logik wiederholen. Oder aber – so lautet die Alternative – es handelt sich tatsächlich um eine kritische Befragung der Weise und des Ausmaßes, in denen das Recht regiert. Aber dann kann es sich im strengen Sinn nicht um einen Akt der Kritik handeln. Denn um seine Regierungsweise und Herrschaftslogik auf- und zurückzuweisen, müßte die Kritik am Recht mit der Rechtslogik, der Logik der Legalität, brechen und damit nicht nur eine Infragestellung des Rechts, sondern auch der Kritik selbst leisten. Um eine Kritik *am Recht* zu sein, könnte sie nicht mehr eine *Kritik* (am Recht) sein, sondern müßte etwas anderes als ein Akt der Kritik werden (zum Beispiel ein schöpferischer Akt, der eine andere Form der Regierung entwirft[12]).

Nach der ersten Alternative ist die Kritik des Rechts nichts anderes als eine Wiederholung des Rechts und damit dessen Bestätigung. Nach der zweiten Alternative ist die Kritik des Rechts nichts anderes als die Abschaffung von Kritik und Recht in einem Zug. Dabei stimmen beide Seiten in einem Punkt überein: dass die

[12] So die Konsequenz, die Gilles Deleuze im Anschluss an Nietzsche aus der Einsicht in die juridische Logik der Kritik zieht; siehe Gilles Deleuze, „Schluß mit dem Gericht", in: ders., *Kritik und Klinik*, Frankfurt a.M.: Suhrkamp 2000, S. 171–183.

Kritik rechtlich verfaßt oder rechtsförmig ist. Die Aporie der Kritik des Rechts besteht darin, dass die Kritik entweder dem Recht immanent und damit nicht gegen das Recht gerichtet ist oder aber gegen das Recht gerichtet ist, aber kein Akt der Kritik ist. Kritik bedeutet auf beiden Seiten die Praxis der normativen Unterscheidung zwischen richtig und falsch. Und die Praxis der normativen Unterscheidung zwischen richtig und falsch bedeutet – auch das ist Teil der stillschweigenden Übereinstimmung beider Seiten – das Verfahren der Einführung, Rechtfertigung und Anwendung eines Gesetzes. Beide Seiten sind sich daher einig, dass die Kritik legal, d.h. in ihrer Form rechtlich ist. Die Kritik hat Rechtsform. Das Gesetz der Kritik ist das Recht, das Recht ist das Gesetz der Kritik.

Wenn diese Voraussetzung zutrifft, dann ist die Lage der Kritik des Rechts ausweglos. Dann gibt es keine Kritik des Rechts. Aber trifft diese Voraussetzung zu? Ist die Kritik, die Praxis der normativen Unterscheidung, in ihrer Natur, d.h. ihrer Form, legal? Oder können wir eine alegale Form der Kritik konzipieren? Darauf zielen die folgenden Überlegungen. Sie wollen zeigen, dass genau die Feststellung, die die Aporie der Kritik des Rechts formuliert – die Feststellung: Das Gesetz der Kritik ist das Recht –, richtig verstanden, auch den Weg aus der Aporie heraus weist. Die Formel der Aporie – Das Gesetz der Kritik ist das Recht – ist zugleich die Formel der Lösung der Aporie.

2. Genealogie der Form

Im Zentrum der Aporie, in die sich die Kritik des Rechts verstrickt, steht das Problem des normativen Urteils, der Unterscheidung zwischen dem Richtigen und dem Falschen. Das Recht ist die Rationalisierung, die Prozeduralisierung und Rechtfertigung der Praxis der normativen Unterscheidung. Dabei setzt das Recht ebenso die Notwendigkeit wie die Möglichkeit der normativen Unterscheidung als gegeben voraus. Das ist der Dogmatismus der Kritik (oder der kritische Dogmatismus). Die rechtliche Kritik, das heißt, die Kritik in der Form des Rechts, beruht auf dem Dogma der normativen Unterscheidung. Das Dogma besagt, dass Recht und Unrecht, das Richtige und das Falsche durch bestimmte Kriterien und daher aufgrund einer allgemeinen Regel, die ihre eindeutige Identifizierung ermöglicht, unterschieden werden können. Recht und Unrecht lassen sich so als einander entgegengesetzte Fälle oder Verläufe trennen: Die richtige Art zu denken, wollen und handeln steht der falschen Weise getrennt und damit äußerlich gegenüber.

In seiner Kritik am Hegelschen Staatsrecht beschreibt Marx dies als den Dogmatismus der „vulgären Kritik":

> Die vulgäre Kritik verfällt in einen [...] *dogmatischen* Irrtum. So kritisiert sie z. B. die Konstitution. Sie macht auf die Entgegensetzung der Gewalten aufmerksam etc. Sie findet überall Widersprüche. Das ist selbst noch dogmatische Kritik, die mit ihrem

> Gegenstand *kämpft*, so wie man früher etwa das Dogma der heiligen Dreieinigkeit durch den Widerspruch von eins und drei beseitigte.[13]

Die Kritik ist dogmatisch oder „vulgär", weil (und wie) sie mit ihrem Gegenstand „kämpft". Dagegen setzt Marx den Begriff der „wahren" Kritik:

> Die wahre Kritik dagegen zeigt die innere Genesis der heiligen Dreieinigkeit im menschlichen Gehirn. Sie beschreibt ihren Geburtsakt. So weist die wahrhaft philosophische Kritik der jetzigen Staatsverfassung nicht nur Widersprüche als bestehend auf, sie *erklärt* sie, sie begreift ihre Genesis, ihre Notwendigkeit. Sie faßt sie in ihrer *eigentümlichen* Bedeutung.[14]

Der Dogmatismus der vulgären Kritik besteht darin, dass sie ihren Gegenstand im Namen einer Norm bekämpft, die sie als gegeben voraussetzt: Indem sie das Dogma der Dreifaltigkeit als selbstwidersprüchlich ablehnt – die Dreifaltigkeit soll Dreiheit und Einheit zugleich sein; das verurteilt die Kritik als Selbstwiderspruch –, bekämpft sie es von außen im Namen einer Norm, des Gesetzes vom ausgeschlossenen Widerspruch, die bzw. das sie dabei selbst als ein Dogma behandelt. (Oder indem die vulgäre Kritik das Dogma

[13] Karl Marx, „Zur Kritik der Hegelschen Rechtsphilosophie. Kritik des Hegelschen Staatsrechts (§§ 261–313)", in: Karl Marx, Friedrich Engels, *Werke* [*MEW*], Bd. 1, Berlin: Dietz 1977, S. 296. Zum Folgenden auch Menke, „Genealogie, Paradoxie, Transformation".
[14] Ebd.

der Dreifaltigkeit als selbstwidersprüchlich zurückweist, macht sie aus der Idee der Widerspruchsfreiheit selbst lediglich ein anderes Dogma.[15]) Die vulgäre Kritik setzt das eine Dogma gegen das andere. Dadurch garantiert sie die normative Unterscheidbarkeit zwischen dem Richtigen und Falschem. Das Dogma gibt ein Kriterium vor, nach dem der Fall entweder richtig oder falsch ist.

Die „wahre philosophische Kritik" dagegen beurteilt ihren Gegenstand nicht nach einer vorgegebenen Norm, sondern zeigt seinen „Geburtsakt", seine „innere Genesis". Nach Marx ist die wahre Kritik eine Genealogie. Im ersten Band des *Kapitals* erklärt Marx, wie eine solche Genealogie verfährt und warum und in welchem Sinn des Wortes sie „kritisch" genannt werden kann. Marx beschreibt dort die entscheidende

[15] Wie Łukasiewicz gegen Aristoteles eingewandt hat: „Es scheint, daß auch Aristoteles den praktisch-ethischen Wert des Satzes vom Widerspruch, wenn auch nicht klar erkannt, so doch wenigstens gefühlt hat. In einer Zeit des politischen Unterganges Griechenlands ist Aristoteles zum Begründer und Förderer der systematischen, wissenschaftlichen Kulturarbeit geworden. Darin erblickte er vielleicht einen Trost für die Zukunft und die künftige Größe seiner Nation. Es mußte ihm daran gelegen sein, den Wert der wissenschaftlichen Forschung hochzuhalten. Die Leugnung des Satzes vom Widerspruch hätte aller Falschheit Tür und Tor geöffnet und die junge, aufblühende Wissenschaft in ihren ersten Lebenskeimen erstickt. In kraftvollen Worten, in denen man eine innerliche Glut zu verspüren vermeint, wendet sich deshalb der Stagirite gegen die Gegner jenes Satzes, gegen die Eristiker aus Megara, die Kyniker aus der Schule des Antisthenes, die Anhänger Heraklits, die Parteigänger des Protagoras, und kämpft mit ihnen allen für ein theoretisches Prinzip wie für ein persönliches Gut. Er mag wohl selbst die Schwächen seiner Argumentation gefühlt haben; und so verkündet er sein Prinzip als ein allerletztes Axiom, als ein unantastbares Dogma." (Jan Łukasiewicz, „Über den Satz des Widerspruchs bei Aristoteles", in: *Anzeiger der Akademie der Wissenschaften in Krakau*, Jahrgang 1910, S. 37.)

Frage, die seine Untersuchung als eine *Kritik* der politischen Ökonomie definiert, folgendermaßen:

> Die politische Ökonomie hat nun zwar, wenn auch unvollkommen Wert und Wertgröße analysiert und den in diesen Formen versteckten Inhalt entdeckt. Sie hat [jedoch] niemals auch nur die Frage gestellt, warum dieser Inhalt jene Form annimmt, warum sich also die Arbeit im Wert [...] darstellt?[16]

Die Kritik ist die Frage nach der Form, genauer: die Frage nach der Form einer Darstellung. Die Kritik nimmt das Seiende nicht als eine Tatsache oder Gegebenheit, sondern als die Darstellung eines „versteckten" Inhalts in einer bestimmten Form (die Darstellung der gesellschaftlichen Arbeit in der Form von Tauschwerten). Die wahre Kritik interessiert sich also nicht für das Verborgene; Marx begreift den Kritiker nicht (wie Kierkegaard ihn beschreibt) als einen „Polizeispion in höherem Dienst", dessen „Kunst" es ist, „das Versteckte an den Tag zu ziehn".[17] Sondern der Kritiker interessiert sich für die Genesis, die Geburt der Form, in der der versteckte Inhalt vorliegt und anwesend ist. Der Kritiker ist ein Analytiker von Darstellungen, er ist ein Leser von Formen.

In der Erläuterung von Marx' frühem Konzept der genealogischen Kritik durch sein späteres Programm

[16] *MEW*, Bd. 23, S. 94.

[17] Kierkegaard, *Die Wiederholung*, S. 7. Diese Kunst macht „traurig" und „melancholisch ebenso wie ein Polizeibeamter [zu] sein". (Ebd.)

der Kritik der politischen Ökonomie dreht sich alles um den Begriff der Darstellung. Vordergründig bezieht sich der Begriff der Darstellung hier auf die Weise, in der die kapitalistische Realität in der Ideologie des vorherrschenden bürgerlichen Denkens, also in der politischen Ökonomie (oder dem Liberalismus) repräsentiert wird. Der entscheidende Schritt ist jedoch, die ökonomische Realität selbst als eine Darstellung zu verstehen: Sie ist keine bloße Tatsache, sondern eine Gestalt, in der ein Inhalt verborgen ist, d.h. dargestellt wird. Kritik bedeutet die Lektüre von Darstellungen, genauer: die Transformation des scheinbar bloß Gegebenen in eine Darstellung durch seine Lektüre.

Der Begriff der Darstellung wird dabei durch eine doppelte Unterscheidung definiert: erstens durch die Unterscheidung zwischen dem versteckten Inhalt und seinem Erscheinen in einer bestimmten Gestalt, und zweitens durch die Unterscheidung zwischen dem erscheinenden Inhalt und der spezifischen Art und Weise, wie er erscheint, d.h. zwischen dem Inhalt und der Form seiner Darstellung. Durch das Lesen des Gegebenen als Darstellung erschließt die Kritik, wie – in welcher spezifischen Form – der Inhalt dargestellt wird. Erst mit der zweiten Unterscheidung, d.h. mit der Perspektive der (oder auf die) Form, beginnt daher die Aktivität der Kritik. Kritik zu üben bedeutet nicht, versteckte Inhalte hinter einem bestimmten Stück sozialer Realität aufzudecken; dies wurde bereits durch die bürgerliche oder liberale politische Ökonomie selbst geleistet (sie wusste bereits, dass die Arbeit der Inhalt des Tauschwerts ist). Die Kritik beginnt erst mit der Frage nach der Form, in der dieser Inhalt durch dieses Stück sozialer Realität dargestellt wird, d.h. durch das Lesen der Wirklichkeit als Darstellung: Die Kritik fragt nicht nach dem Inhalt – der Arbeit – sondern danach, warum sich dieser Inhalt, die gesellschaftliche Arbeit, in der Form des Warenwerts (und nicht irgendwie anders) darstellt. Und die Wirklichkeit so, nämlich als Darstellung zu lesen, bedeutet notwendig zugleich, die Darstellung selbst als einen Darstellungsakt zu verstehen – als den Akt der Gestaltung, der Formierung eines Inhalts. Die „Genesis", die die „wahre" Kritik nach Marx' Bestimmung erforscht, ist die Genese der Form: die Produktion und das Funktionieren einer bestimmten Form der Darstellung.

Die Kritik an der politischen Ökonomie ist also keine Ideologiekritik; sie kritisiert nicht die Verfälschung der kapitalistischen Wirklichkeit im ökonomischen Denken des Liberalismus. Ihre Kritik besteht vielmehr in dem Nachweis, dass derselbe Darstellungsakt, den die liberale bürgerliche Ideologie vollzieht, bereits die kapitalistische Wirklichkeit selbst ausmacht. Die Darstellung (der gesellschaftlichen Arbeit als Warenwert) ist daher ebenso wirklich wie ideologisch. Die gesellschaftliche Wirklichkeit entsteht durch einen Akt der Darstellung, der sich selbst verbirgt. Die Kritik an der politischen Ökonomie behauptet nicht, dass die bürgerliche Denkweise die soziale Wirklichkeit nicht angemessen widerspiegelt, sondern im Gegenteil, dass sie sie *bloß* widerspiegelt: Indem (und so wie) sie die kapitalistische Wirklichkeit darstellt, wiederholt das bürgerliche Denken die Darstellung, die die Wirklichkeit konstituiert, und macht gerade auf diese Weise ihren Formierungsakt – die Darstellung des verborgenen Inhalts in dieser spezifischen Form – unsichtbar. Die bürgerliche oder liberale politische Ökonomie ist gerade wegen ihres „Positivismus", der Widerspiegelung der Tatsachen, „unkritisch" (wie Marx im Blick auf die „spätern Hegelschen Werke" gesagt hat).[18]

Die Definition der (form-)genealogischen Kritik lautet: „Lesen des Seienden als Text seines Werdens".[19] Als genealogische ist die Kritik also der Akt eines transformativen Lesens (eines Lesens, das ein Akt des Schreibens, des Umschreibens, ist): Sie *macht* die Wirklichkeit zur Darstellung. Genauer gesagt: zur Darstellung des Aktes und damit der Form ihres Darstellens – zur Darstellung der Darstellung oder zur Selbstdarstellung. Die Aktivität der Kritik bringt daher Gegenstände, als Darstellungsformen, hervor, die *in sich selbst* kritisch (oder selbstkritisch) sind. So nennt Friedrich Schlegel eine Philosophie „kritisch", die „im System der transzendentalen Gedanken zugleich eine Charakteristik des transzendentalen Denkens" enthält.[20] Ein Gedanke ist also dann kritisch, wenn er in seinem Gehalt zugleich den Akt (und damit die Vermögen und Kräfte) des Denkens darstellt, der ihn hervorvorgebracht hat – der also „auch das Produzierende mit dem Produkt darstell[t]."[21] Die

[18] Karl Marx, „Ökonomisch-philosophische Manuskripte", in: *MEW*, Erg.-Bd. 1, S. 573.
[19] Theodor W. Adorno, *Negative Dialektik*, in: *Gesammelte Schriften*, Bd. 6, Frankfurt a.M.: Suhrkamp 1973, S. 62.
[20] Friedrich Schlegel, „Athenäums-Fragmente", in: *Kritische Schriften und Fragmente*, Bd. 1, Paderborn: Schöningh 1988, S. 127.
[21] Ebd.

Kritik ist nichts anderes als die Selbstreflexion der Darstellung, die sich in ihr vollzieht.

Diese Bestimmung der Kritik, die er an der Transzendentalphilosophie gewinnt, dehnt Schlegel auf die Poesie (als „Poesie der Poesie") und von dort auf die Politik aus (Politik, die im Sinne von Schlegel kritisch ist, ist revolutionäre Politik: Politik, die in jedem Akt der Repräsentation das mitrepräsentiert, was das politisch Produzierende, das Subjekt oder die Kraft der Politik ist: *le pouvoir constituant*, das Volk). Marx geht noch einen Schritt weiter und bezieht diese Idee der Kritik auf die soziale, vor allem ökonomische Wirklichkeit. Die soziale Wirklichkeit zu kritisieren, bedeutet, sie lesend in eine in sich selbst kritische Darstellung zu transformieren, weil sie eine Mitdarstellung ihrer eigenen Darstellungsform und -aktivität ist. Kritik ist das Lesen sozialer Formen als ihre Selbstdarstellungen. Die Kritik transzendentalisiert (oder „romantisiert") ihren Gegenstand: In der kritischen Lektüre *hat* der Gegenstand nicht nur eine Form, sondern stellt seine Form – den Akt der Formgebung – dar.

3. Mehr als Kontingenz

Die kritische Lektüre der Wirklichkeit als Darstellung öffnet das Feld für Untersuchungen, die auf die Frage nach der Entstehung ihrer gegenwärtig dominanten Form antworten. Wo, wann und wie kam es zur Entstehung dieser Form? Durch welchen Geburtsakt wurde diese Form herbeigeführt? Welcher Schritt führte vom

Inhalt zu dieser Form (im Fall der politischen Ökonomie: von der gesellschaftlichen Arbeit zum Warenwert[22])? Diese genealogischen Fragen zu beantworten, heißt für Marx, die Existenz und das Funktionieren einer sozialen Form zu „erklären", ihre „eigentümliche Bedeutung", ja ihre „Notwendigkeit" zu erfassen.[23] Aber wie kann die genealogische Erklärung dann zugleich ein Akt der Kritik oder gar die einzig „wahre" Kritik sein? Und wie wird die Idee der Kritik durch dieses Programm der Genealogie der Form neu definiert? Was ist kritisch an der Genealogie der Form (oder dem Akt des Lesens)?

Eine erste Antwort auf diese Frage lautet, dass die Genealogie im ontologischen Sinn kritisch ist. Sie ist kritisch, weil sie anti-positivistisch ist, also den „Mythos des Gegebenen" auflöst und das scheinbar bloß Seiende in die Darstellung des Werdens seiner Form verwandelt. Wenn aber das Seiende in Wahrheit der Effekt einer bestimmten Art der Darstellung – der Darstellung eines Inhalts in dieser spezifischen Form – ist, könnte es auch anders sein. Die Genealogie enthüllt die Kontingenz des Bestehenden. So also versteht die Genealogie die Kritik: Kritik heißt, den Schein der Notwendigkeit aufzulösen und das Seiende als Möglichkeit – die auch anders sein könnte – aufzuweisen.

Ich werde im Folgenden eine andere Antwort skizzieren – nicht weil diese erste falsch, sondern weil sie

[22] Zu einem Versuch, diese Fragen für die Entstehung der Form der (subjektiven) Rechte zu beantworten, siehe Menke, *Kritik der Rechte*.

[23] Siehe oben, S. 132.

unzureichend ist.[24] Die Kritik, die die Genealogie der Form leistet, geht nicht darin auf, die Kontingenz der existierenden gesellschaftlichen Formen aufzuweisen; sie ist nicht bloß eine Entnaturalisierung des Sozialen. Das ist nur ein erster Schritt. Bleibt man bei ihm stehen, so verfehlt man den entscheidenden Punkt von Marx' genealogischer Neudefinition der Kritik (und damit den Sinn von Kritik bei Benjamin, Adorno, Foucault usw.: Man verfehlt den entscheidenden Punkt der kritischen Theorie). Denn man verfehlt, in welchem Sinn und in welcher Weise das genealogische Programm auf eine Neudefinition der Kritik in ihrer ursprünglichen und wörtlichen Bedeutung abzielt, nach der sie der Name für die normative, also die „scheidende und entscheidende Einstellung" ist.[25] Die wahre, genealogische Kritik weist den Dogmatismus der normativen Unterscheidung zurück, aber sie löst nicht die Einstellung des normativen Unterscheidens auf. Die genealogische Kritik geht deshalb nicht in Antipositivismus und Kontingenzbewußtsein auf, weil die genealogische Untersuchung nur dann als kritisch zu bezeichnen ist, wenn sie auf eine neue Art und Weise vollzieht, was die vulgäre Kritik nur dogmatisch tun konnte: den Kampf gegen das Bestehende aufgrund der Entscheidung, dass es falsch ist. Der Dogmatismus der vulgären Kritik besteht darin, das Richtige und das

[24] Vgl. Raymond Geuss, *Outside Ethics*, Princeton: Princeton University Press 2005, Kap. 9; Martin Saar, *Genealogie als Kritik. Geschichte und Theorie des Subjekts nach Nietzsche und Foucault*, Frankfurt a.M.: Campus 2007, Kap. 7.

[25] Walter Benjamin, „Zur Kritik der Gewalt", in: *Gesammelte Schriften*, Bd. II, Frankfurt a.M.: Suhrkamp 1977, S. 202.

Falsche als einander äußerlich entgegengesetzt zu verstehen; sie setzt den Fall, der die Norm erfüllt, demjenigen gegenüber, der sie verletzt. Die vorausgesetzte Norm gibt der Kritik ein Kriterium an die Hand, das zwischen Fällen (oder Meinungen über Fälle) eindeutig zu entscheiden erlaubt. Die genealogische Kritik – so möchte ich im Folgenden zeigen – rekonzeptualisiert den Akt der normativen Unterscheidung, indem sie einen anderen Begriff des Falschen entwickelt: Sie versteht das Falsche und damit die (normative, kritische) Unterscheidung zwischen dem Falschen und dem Richtigen auf eine undogmatische Weise.

4. Das Paradox von Recht und Gewalt

Um zu verstehen, warum und in welcher Weise die genealogische Kritik zur Neukonzeption der Entscheidung (zur Neukonzeption des Begriffs des Falschen und damit zur Neukonzeption der Normativität als solcher) führt, bedarf es zunächst eines genaueren Verständnisses des „Geburtsaktes", der „Genesis" der Form, die die „wahre philosophische Kritik" nach Marx aufweist. Wie und von wem wird eine Form geboren? Was ist der Grund – in Schlegels Terminologie: das „Produzierende" – der Form? Der Grund der Form ist nicht der Inhalt, der dargestellt wird. *Das* „Produzierende" ist auch nicht eine Produzierende oder ein Produzierender, es ist nicht der Akt eines Subjekts. Vielmehr ist der Grund der Form ein Widerspruch oder ein Paradox. Die kritisch-genealogische Lektüre des

Seienden als Darstellung, also: als Darstellung seines Sichdarstellens, zeigt, dass die Formbildung die Entfaltung eines Paradoxes ist. Der kritisch-genealogische Begriff der Form ist: Die Form ist der Ausdruck, weil die Entfaltung des inneren Widerspruchs einer Sache oder eines Gegenstandes. In Formen werden Widersprüche zum Austrag gebracht.

Diese allgemeine formgenealogische Behauptung kann für das Recht so erläutert werden:[26] Das Recht ist durch einen inneren Widerspruch definiert. Das ist *nicht* der Widerspruch zwischen der wahren Rechtsidee und ihrer stets nur unzureichenden Verwirklichung in den bestehenden Rechtssystemen (für den sich die Programme immanenter Kritik interessieren). Der Widerspruch, der das Recht definiert (und den die Genealogie der Form aufweist), ist vielmehr der Idee des Rechts selbst immanent. Denn es gibt kein Recht, das nicht einerseits ein Verfahren oder eine Ordnung normativer Unterscheidung und andererseits eine Instanz oder Agentur nichtnormativer Wirksamkeit ist. Das Recht ist normative und nichtnormative Macht zugleich.

Das Recht ist *normativ*, weil es zwischen Recht und Unrecht unterscheidet. Oder weil es Kritik übt: Das Recht, so haben wir gesehen, ist die paradigmatische Instanz der Kritik. Es unterscheidet im Namen der Gleichheit; das Gesetz des Rechts ist die Isonomie. Das Recht ist *nichtnormativ*, weil es durch die normative

[26] Die Exposition dieses Widerspruchs im Begriff des Rechts geschieht in *Recht und Gewalt*, Teil I. Daran anknüpfend: Menke, *Kritik der Rechte*, Teil II.

Unterscheidung zwischen Recht und Unrecht stets zugleich zwischen Recht und Nichtrecht unterscheidet. Das Recht steht nicht nur gegen das Unrecht, die Verletzung des gleichen Status eines jeden, sondern auch gegen jede Praxis, Haltung oder Gestalt der Subjektivität, die dem Recht äußerlich, fremd oder gar feindlich ist. Recht bedeutet Äußerlichkeit; wo immer es Recht gibt, gibt es Praktiken, Haltungen, Subjektivitäten, die ihm äußerlich gegenüber stehen und zu denen das Recht selbst somit nur in einer Beziehung bloßer Äußerlichkeit stehen kann. Die Beziehung des Normativen zum Nichtnormativen kann selbst nur nichtnormativ sein: Im Gegensatz zu der normativen (oder kritischen) Beziehung zwischen Recht und Unrecht, die dem Recht intern ist, also in ihm vollzogen wird, ist das nichtnormative Verhältnis zwischen Recht und Nichtrecht ein Verhältnis nichtnormativer Wirksamkeit oder Macht. Darauf bezieht sich der Begriff der Gewalt (so wie er in *Recht und Gewalt* gefaßt wird): Die Gewalt des Rechts ist das Potential seiner nichtnormativen Wirksamkeit gegenüber dem Nichtrecht; das Recht begrenzt, bekämpft oder unterdrückt das Nichtrecht. Dieses Verhältnis zwischen Recht und Nichtrecht kann kein normatives Verhältnis sein; es kann nur ein Verhältnis der Gewalt sein.

Das Recht ist die Beziehung zwischen diesen beiden Beziehungen, zwischen der normativen Beziehung zwischen Recht und Unrecht und der nichtnormativen Beziehung zwischen Recht und Nichtrecht; es ist die Beziehung zwischen normativer Kritik und der nichtnormativen Wirkungsweise der Gewalt. Das Recht ist daher die Einheit zweier unterschiedlicher Beziehungen, die nicht vereinheitlicht werden können. Das Recht ist in seinem Grund durch ein Verhältnis definiert, das sich in unvereinbaren Bestimmungen und Ansprüchen ausdrückt und also als Paradox darstellen läßt. Es gibt keine Rechtsform, die keine Wirkung und damit der Ausdruck ihrer paradoxen Natur ist; keine Rechtsform, die, wenn die paradoxe Einheit von normativer und nichtnormativer Beziehung, von Kritik und Gewalt aufgelöst würde, immer noch eine Rechtsform wäre (denn sie würde sich entweder in reine Normativität oder in reine Gewalt auflösen und entweder makellose, absolute Gerechtigkeit oder brutale Herrschaft und Unterdrückung werden).[27]

Hier von einem Paradox zu sprechen, begründet sich genauer darin, dass die Beziehung zwischen den beiden Beziehungen, die das Recht ausmachen, selbst wiederum nur in zweifacher, ja widersprüchlicher Weise beschrieben werden kann. Auf der einen Seite kann das Recht nur beides zugleich sein: Das Recht ist sowohl normativ als auch nichtnormativ, sowohl Kritik als auch Gewalt. Das verfehlen ebenso idealistische wie realistische Konzeptionen des Rechts. Erstere sehen im Recht nichts als eine normative Ordnung der Anerkennung, die jedem Menschen den Status der Gleichheit sichert; letztere reduzieren das Recht auf

[27] Darum dreht sich die Debatte mit Andreas Fischer-Lescano und Daniel Loick in *Law and Violence*. Für eine ausführliche Darstellung ihrer Positionen siehe Andreas Fischer-Lescano, *Rechtskraft*, Berlin: August 2013; Daniel Loick, *Der Missbrauch des Eigentums*, Berlin: August 2016; ders., *Juridismus. Konturen einer kritischen Theorie des Rechts*, Berlin: Suhrkamp 2017.

eine faktische Ordnung der Gewalt, die die sozialen Verhältnisse der Herrschaft sichert. Das Recht ist jedoch deshalb weder nur das eine noch nur das andere, weil es beides zugleich ist.

Andererseits *kann* das Recht nicht zugleich normativ und nichtnormativ sein. Die normative und die nichtnormative Beziehung, die das Recht konstituieren, stehen nicht nebeneinander. Denn die normative Entgegensetzung des Rechts gegen das Unrecht verfährt im Namen der normativen Anerkennung als Gleiche und richtet sich damit gegen das eigene nichtnormative Gewaltverhältnis des Rechts; das Recht bekämpft die Gewalt, die es selbst begeht. Das Recht wird also nicht nur durch zwei kategorial verschiedene Unterscheidungen definiert: die normative Unterscheidung zwischen dem, was rechtmäßig und dem, was rechtswidrig ist, und die nichtnormative Unterscheidung zwischen Recht und Nichtrecht. Vielmehr wird sie durch zwei unvereinbare Beziehungen zwischen diesen beiden kategorial verschiedenen Unterscheidungen definiert: Das Recht ist normativ und nichtnormativ, aber beide Beziehungen des Rechts wenden sich auch gegeneinander. Die Beziehung zwischen der normativen und der nichtnormativen Beziehung ist eine doppelte, ja widersprüchliche Beziehung: eine Beziehung sowohl der Koexistenz als auch der gegenseitigen Feindschaft.

Eben darauf zielt der Begriff des Paradoxes: Das Recht *muss* normativ und nichtnormativ zugleich sein, aber es *kann* nicht gleichzeitig normativ und nichtnormativ sein. Die Zweiheit, die das Recht ausmacht, zum

Ausdruck zu bringen, bedeutet also, diese Zweiheit überwinden zu wollen. (Der einzig wahre Ausdruck eines Paradoxes ist der Versuch, es nicht bloß auszudrücken, sondern aufzulösen.) Das Recht wendet sich gegen sich selbst. Das Recht ist keine Entität, die in zwei verschiedene Ordnungen gehört. Da sich diese beiden Ordnungen widersprechen, ist das Recht ein Widerspruch gegen seine eigene Existenz. Das Recht kämpft gegen sich selbst, gegen die Existenz des Rechts; das Recht selbst will das Recht abschaffen.

5. Jenseits des Dogmatismus

Wir sind zu folgender Definition der („wahren philosophischen") Kritik gelangt: Kritik zu üben bedeutet, die Genese einer bestimmten Form aus dem Paradox oder Widerspruch ihres Grundes zu zeigen. Oder umgekehrt: Kritik zu üben bedeutet, eine gegebene Form als Darstellung – als die Entfaltung oder den Ausdruck – des Paradoxes, das sie begründet, zu lesen. Damit steht die „wahre" Kritik im Gegensatz zum Dogmatismus der „vulgären" Kritik. Dieser Dogmatismus besteht in der normativen Voraussetzung, die nichts anderes als die Voraussetzung des Normativen ist: der Anspruch der normativen Entscheidbarkeit, d.h. die Annahme, dass zwischen dem Richtigen und dem Falschen im Namen eines vorgegebenen Kriteriums unterschieden werden könne und das Richtige und das Falsche daher voneinander unabhängige, für sich getrennt bestehende Fälle seien. Indem die genealogische Kritik die Formen des Rechts als Ausdruck und Vollzug des Paradoxes liest, das ihren Grund bildet, zeigt sie, dass diese Voraussetzung normativer Entscheidbarkeit unhaltbar ist: Das Recht beruht in seinem Operieren auf dieser Voraussetzung, und es unterläuft sie. Ohne die Voraussetzung normativer Entscheidbarkeit gibt es kein Recht. Aber zugleich zeigt sich im Recht, dass die Praxis des normativen Entscheidens auf ihrer Rückseite das normativ Unentscheidbare hervorbringt.

Der Angelpunkt dieses Umschlags ist die skizzierte Doppelung der normativen Unterscheidung zwischen Recht und Unrecht durch die nichtnormative Unterscheidung von Recht und Nichtrecht. Beide gehen Hand in Hand. Deshalb überlagern und überlappen sich die beiden Unterscheidungen faktisch – in der Wirklichkeit des Rechts –, so dass zwischen dem, was als Unrecht verurteilt und bestraft wird, und dem, was als Nichtrecht abgegrenzt und behandelt wird, nicht abschließend entschieden werden kann.[28] Vor allem aber stellt das paradoxe Verhältnis zwischen normativer und nichtnormativer Unterscheidung im Zentrum des Rechts die Möglichkeit der Kritik ebenso in Frage wie dieses Verhältnis die Kritik zugleich notwendig macht.

[28] Es kommt zu Entdifferenzierungen in beiden Richtungen: In der ersten wird das Unrecht wie das Nichtrecht behandelt: der Verbrecher wird zum Feind, das Recht wird zum Ausnahmezustand. In der zweiten Richtung wird das Nichtrecht wie das Unrecht behandelt: der Rechtsfreie wird zum Verbrecher, das Recht wird zum Erziehungssystem.

Denn auf der einen Seite *verlangt* dieses Verhältnis die kritische Entscheidung: Die nichtnormative Unterscheidung von Recht und Nichtrecht ist ein Verhältnis der äußeren Einwirkung. Ein solches Verhältnis heißt Gewalt, wenn es sich im normativen Raum zuträgt. Als Gewalt aber ist das Verhältnis der äußeren Einwirkung nicht normativ neutral; im normativen Raum ist das nichtnormative Verhältnis normativ falsch. Das Recht als Praxis der Kritik muss sich daher gegen die Gewalt wenden, die es im Verhältnis zum Nichtrecht ausübt: Es muss zwischen der Kritik und der Gewalt als richtig und falsch kritisch unterscheiden – für die Kritik und gegen die Gewalt.

Aber zugleich und auf der anderen Seite *kann nicht* normativ zwischen der normativen und der nichtnormativen Unterscheidung des Rechts entschieden werden. Sie lassen sich nicht voneinander trennen und als das Richtige und das Falsche einander gegenüberstellen – so dass man das Richtige behält und das Falsche aufgibt. Wenn das nichtnormative Gewaltverhältnis nur die andere Seite, die versteckte Voraussetzung, der Normativität des Rechts ist, dann ist keine Kritik des Rechts möglich, die zu einer Entscheidung gelangt und die Koexistenz beider Seiten auflöst; der Streit zwischen der Kritik im Recht und der Gewalt des Rechts ist kein Gegenstand der Kritik.

Fasst man diese Überlegungen zusammen, so folgt, dass die genealogische Kritik – die die Formen des Rechts als den Vollzug seines Paradoxes liest – in einem unauflösbar doppelten Verhältnis zur normativen Kritik steht. Sie ist ebenso die Auflösung des Dogmatismus der normativen Kritik wie die Erklärung ihrer Notwendigkeit, ihrer Genesis. Als genealogische *Kritik* ist sie auflösend – denn sie richtet sich gegen den Dogmatismus der normativen Kritik. Aber als *genealogische* Kritik erklärt sie zugleich die Entstehung, ja, die Notwendigkeit dessen, was sie kritisiert.[29] Die genealogische Kritik ist also nicht das Andere der normativen Kritik. Die genealogische Kritik der normativen Kritik ist zugleich der Nachvollzug ihrer Entstehung. Sie rekonstruiert und rekonstituiert daher die normative Kritik als Effekt eben des Paradoxes des Rechts, das die normative Kritik zugleich verkennt und verdrängt. Durch die genealogische Kritik wird die normative Kritik mithin nicht aufgelöst, sondern neu hervorgebracht und verstanden. Die genealogische Kritik praktiziert eine normative Kritik zweiter Ordnung.

Dieses neue Verständnis der normativen Kritik durch die genealogische Kritik lässt sich abschließend so beschreiben: Die (genealogische) Kritik am Dogmatismus der normativen Kritik besagt, dass die Möglichkeit der normativen Unterscheidung nicht als gegeben vorausgesetzt werden kann. Das ist die Position des Legalismus, des normativistisch verzerrten Selbstverständnisses des Rechts. Der normative Kritiker ist (wie) ein Richter, der dogmatisch die Möglichkeit seines normativen Urteils voraussetzt. Die genealogische Kritik zeigt, was an dieser Voraussetzung falsch ist: Sie löst

[29] Die genealogische Kritik hat daher notwendigerweise eine „affirmative" Bedeutung; siehe Hans Joas, *Die Sakralität der Person. Eine neue Genealogie der Menschenrechte*, Berlin: Suhrkamp 2011, S. 147ff. Eine bloß ‚kritische', das heißt auflösende Genealogie wäre gar keine Genealogie.

das paradoxe Zugleich von Normativem und Nichtnormativem auf, das das Recht definiert; sie verkennt, dass sich die beiden Unterscheidungen in jedem einzelnen Fall überschneiden und das Unrechtmäßige und das Nichtrechtliche ununterscheidbar werden. Der Dogmatismus der normativen Kritik besteht darin, das Paradox des Rechts zu verdrängen. Was die normative Kritik dabei verdrängt, ist jedoch ihr eigener Grund; denn die normative Kritik ist eine der beiden Seiten des Rechts und geht daher selbst aus seinem Paradox hervor. Die genealogische Kritik der normativen Kritik zeigt also, dass sie genau deshalb dogmatisch ist, weil sie ihren eigenen Grund – nämlich: das Paradox des Rechts – nicht anzuerkennen vermag. Die normative Kritik leugnet, was sie ist: ein Moment im Paradox des Rechts.[30]

Damit wird deutlich, dass die genealogische Kritik am Dogmatismus der normativen Kritik selbst ein Akt der normativen Kritik ist: Der Dogmatismus der normativen Kritik, so urteilt die genealogische Kritik, *ist falsch*. Entgegen dem Anschein heißt dies aber nicht, dass die genealogische Kritik in ihrem negativen Urteil über den Dogmatismus der normativen Kritik zuletzt

[30] So verstanden, entspricht Marx' Rede vom „dogmatischen" Charakter der vulgären Kritik Hegels Bestimmung des Dogmatismus: Er erkennt nicht die „Antinomie", *in* der das von ihm behauptete Prinzip nur eine Seite ist. (Georg Wilhelm Friedrich Hegel, *Differenz des Fichteschen und Schellingschen Systems der Philosophie*, in: *Theorie Werkausgabe*, Bd. 2, Frankfurt a.M.: Suhrkamp 1970, S. 49.) Weil das auch für den „Kritizismus" gilt, ist er selbst eine dogmatische Figur; siehe Friedrich Wilhelm Joseph Schelling, „Philosophische Briefe über Dogmatismus und Kriticismus", in: *Schriften von 1794–1798*, Darmstadt: Wissenschaftliche Buchgesellschaft 1975, S. 161–222.

doch wieder in denselben Dogmatismus zurückfällt, den sie zurückweist. Denn das Urteil über den Dogmatismus der Kritik – „Der Dogmatismus der normativen Kritik ist falsch" – operiert mit einer anderen, einer nicht- oder undogmatischen Auffassung des Falschen. Das Falsche der normativen Kritik, so wie der Legalismus sie versteht und vollzieht, besteht in ihrer Unfähigkeit, das Paradox des Rechts, das ihr zugrunde liegt, anzuerkennen und darzustellen.

Das also ist die Norm, in deren Namen die genealogische Kritik urteilt: Ihre Norm ist kein Gesetz, das sie als gegeben voraussetzt und das die Möglichkeit der normativen Unterscheidung (zwischen Recht und Unrecht) garantiert; ihre Norm ist – im Gegenteil – die paradoxe Einheit der normativen Unterscheidung (zwischen Recht und Unrecht) und der nichtnormativen Unterscheidung (zwischen Recht und Nichtrecht) im Recht selbst. Auch die genealogische Kritik *urteilt* also über richtig und falsch; sie vollzieht einen Akt normativer Entscheidung, eine kritische Stellungnahme. Aber sie tut dies im Namen des Paradoxes am Grund der Normativität. Die Norm der genealogischen Kritik ist das Paradox der Norm.

*

Das Verfahren der genealogischen Kritik lässt sich in drei Schritten resümieren. Es bedeutet:

i.) das *Lesen* des Seienden als die (Selbst-)Darstellung seiner eigenen Form;

ii.) die *Erklärung* der Form durch das Paradox in ihrem Grund;
iii.) die *Entscheidung* zwischen der richtigen Form als Anerkennung des Paradoxes und der falschen Form als Verkennung des Paradoxes.

Die genealogische Kritik setzt damit ein, den Dogmatismus der rechtsförmigen normativen Kritik aufzulösen. Und sie führt zu einer Rekonzeptualisierung der normativen Entscheidung, der normativen Unterscheidung zwischen dem Richtigen und dem Falschen. Weist dies einen Weg aus der Aporie der Rechtskritik?

Die Aporie der Rechtskritik besagt, dass keine Kritik des Rechts möglich ist, weil die Kritik selbst wie das Recht oder rechtsförmig ist: Das Gesetz (und daher auch das Recht) der Kritik ist das Recht. Das mag ein höheres Recht sein – das Recht des Gewissens oder, wie Schiller meinte, der Schaubühne; aber es ist immer noch und immer nur ein Recht. Jeder radikale Einspruch gegen das Recht könnte daher nicht mehr ein Akt der Kritik, der kritischen Entscheidung zwischen Recht und Unrecht sein; er müsste etwas anderes als Kritik sein (ein Akt der Schöpfung oder des Ja-Sagens). Die Kritik, so scheint es, ist dem Recht zu nahe, um eine Kritik *am* Recht sein zu können. Das ist die Aporie der Rechtskritik: Das Gesetz der Kritik ist das Recht, das Recht ist das Gesetz der Kritik.

Diese Formel der Aporie, in die sich der Versuch einer Kritik des Rechts verstrickt, ist aber zugleich auch die Formel für ihre Lösung, für den Weg aus der Aporie. Denn das Recht, das das Recht der Kritik ist, ist in sich gespalten; es enthält sein eigenes Anderes – das

Andere des Rechts. Das ist das Paradox des Rechts. Das Recht ist die Begegnung, und damit der Widerstreit, zwischen dem Gesetz der normativen Entscheidung (zwischen Recht und Unrecht) und der nichtnormativen Unterscheidung (zwischen dem Recht als Praxis der normativen Unterscheidung und dem Nichtrecht als der Zone der normativen Nichtunterscheidung). Wenn also *erstens* das Recht das Gesetz der Kritik ist und wenn *zweitens* das Recht durch die paradoxe Einheit von Normativem und Nichtnormativem definiert ist, dann folgt *drittens*, dass das Gesetz der Kritik die paradoxe Einheit von Normativem und Nichtnormativem ist. Die Kritik – richtig verstanden und vollzogen – entscheidet im Namen der Unentscheidbarkeit. Und das ist kein bloßes Spiel mit Worten. Es ist die Definition einer normativen Kritik höherer Ordnung. Denn sie definiert ein neues Kriterium für das, was falsch und was richtig ist: Sie definiert einen Standard für das Richtige und damit für das wahre Recht.

Recht und Gewalt skizziert in seinem zweiten Teil eine Lektüre von Benjamins Idee der „Entsetzung" des Rechts, nach der diese Idee auf die praktische Durchführung der Kritik des Rechts im Namen seiner paradoxen Einheit – seiner Einheit als eines Paradoxes – zielt. Der Begriff der Entsetzung wird dabei, in einer der Herkunftsbedeutungen des Ausdrucks, als Befreiung verstanden;[31] aber als Befreiung des Rechts nicht von dem Widerstreit, der es ausmacht, sondern zu

[31] *Recht und Gewalt*, S. 64f.

dessen Bejahung und damit zu seinem nichtschicksalhaften, freien Austrag. Solange die Normativität des Rechts als bloßer Schein zur Verdeckung seiner Gewalt oder umgekehrt die Gewalt des Rechts als untaugliches Mittel zur Verwirklichung seiner Normativität kritisiert wird – solange also beide Seiten gemäß dem Dogmatismus der vulgären Kritik einander äußerlich entgegengesetzt werden, schlagen sie notwendig wieder ineinander um. Die Gewalt erweist sich als gut begründet, die guten Gründe als gewalttätig. Erst wenn dagegen die Kritik des Rechts im Namen und daher im Vollzug seines Paradoxes erfolgt, kann der besinnungslose Umschlag seiner beiden Seiten ineinander durch ein strategisches oder technisches Verhältnis ersetzt werden.

In einem Fragment der *Einbahnstraße* schreibt Benjamin über die Technik, sie sei „nicht Naturbeherrschung", sondern die „Beherrschung vom Verhältnis von Natur und Menschheit."[32] In der technischen Beherrschung geht es nicht um die Macht und Kontrolle des Einen über den oder die Anderen. Es geht um die Macht und die Kontrolle über das Verhältnis zwischen ihnen. Darauf zielt eine Kritik des Rechts, die im Namen seines Paradoxes erfolgt: weder die Auflösung des Paradoxes noch die resignative Hinnahme seiner Unauflösbarkeit, sondern seine Beherrschung.

[32] Walter Benjamin, *Einbahnstraße*, in: *Gesammelte Schriften*, Bd. IV, Frankfurt a.M.: Suhrkamp 1991, S. 146.

IMPRESSUM

Gestaltung: Christoph Stolberg
Satz: Selitsch Weig
Druck: Bookfactory Buchproduktion GmbH, Stadthagen

Erschienen im
August Verlag Berlin
Imprint im Verlag der Buchhandlung Walther König, Köln
Ehrenstr. 4, 50672 Köln
Tel. +49 (0) 221 / 20 59 6-53
Fax +49 (0) 221 / 20 59 6-60
Email: august@augustverlag.de
www.augustverlag.de

Die Deutsche Nationalbibliothek verzeichnet diese Publikation in der Deutschen Nationalbibliografie; detaillierte bibliografische Daten sind über http://dnb.d-nb.de abrufbar

Printed in Germany

Vertrieb:
Buchhandlung Walther König, Köln
Ehrenstr. 4, 50672 Köln
Tel. +49 (0) 221 / 20 59 6-0
Email: verlag@buchhandlung-walther-koenig.de

ISBN 978-3-941360-65-5

BISHER ERSCHIENEN:

Georges Canguilhem
DIE ERKENNTNIS DES LEBENS
ISBN 978-3-941360-00-6

Marietta Kesting,
Aljoscha Weskott (eds.)
SUN TROPES
Sun City and (Post-)Apartheid Culture in South Africa
ISBN 978-3-941360-04-4

Anselm Haverkamp
BEGREIFEN IM BILD
Methodische Annäherung an die Aktualität der Kunst (Antonello da Messina, August Sander)
Kleine Edition 1
ISBN 978-3-941360-02-0

Barbara Vinken
EINE LEGENDE DER MODERNE
Flauberts *Einfaches Herz*
Flaubert Lectures I
Kleine Edition 2
ISBN 978-3-941360-03-7

Volker Pantenburg
RÄNDER DES KINOS
Godard – Wiseman – Benning – Costa
Kleine Edition 3
ISBN 978-3-941360-08-2

Jacques Rancière
DER HASS DER DEMOKRATIE
Kleine Edition 24
ISBN 978-3-941360-01-3

Alain Badiou
KLEINES TRAGBARES PANTHEON
ISBN 978-3-941360-06-8

Maria Muhle, Kathrin Thiele (Hg.)
BIOPOLITISCHE KONSTELLATIONEN
ISBN 978-3-941360-05-1

Jean Starobinski
GESCHICHTE DER MELANCHOLIEBEHANDLUNG
ISBN 978-3-941360-09-9

Thomas Khurana,
Christoph Menke (Hg.)
PARADOXIEN DER AUTONOMIE
Freiheit und Gesetz I
ISBN 978-3-941360-10-5

Juliane Rebentisch, Dirk Setton (Hg.)
WILLKÜR
Freiheit und Gesetz II
ISBN 978-3-941360-11-2

Christoph Menke
RECHT UND GEWALT
Kleine Edition 4
ISBN 978-3-941360-14-3

Jonathan Culler
WHY FLAUBERT?
and Jacques Neefs
LOVE, GODS, WARS
A modern epic prose
Flaubert Lectures II
Kleine Edition 5
ISBN 978-3-941360-15-0

Thomas Schestag
REALABSENZ, SCHATTEN
Flauberts Erziehung:
Zur *Education Sentimentale*
Flaubert Lectures III
Kleine Edition 6
ISBN 978-3-941360-16-7

Jalal Toufic
VOM RÜCKZUG DER TRADITION NACH EINEM UNERMESSLICHEN DESASTER
Kleine Edition 7
ISBN 978-3-941360-24-2

Branden W. Joseph
THE *ROH* AND THE COOKED
Tony Conrad and Beverly Grant in Europe (with an Essay by Tony Conrad)
ISBN 978-3-941360-18-1

Alexander García Düttmann
NAIVE KUNST
Ein Versuch über das Glück
Kleine Edition 8
ISBN 978-3-941360-13-6

Alain Brossat
PLEBS INVICTA
Kleine Edition 9
ISBN 978-3-941360-07-5

Jacques Rancière
UND DAS KINO GEHT WEITER
Schriften zum Film
ISBN 978-3-941360-19-8

Anselm Haverkamp
DIE ZWEIDEUTIGKEIT DER KUNST
Zur historischen Epistemologie der Bilder
Kleine Edition 10
ISBN 978-3-941360-23-5

Beate Söntgen, Gabriele Brandstetter
RENAISSANCEN DER PASSION
Flaubert Lectures IV
Kleine Edition 11
ISBN 978-3-941360-22-8

Isabelle Graw, Peter Geimer
ÜBER MALEREI
Eine Diskussion
Kleine Edition 12
ISBN 978-3-941360-28-0

Jacques Rancière
BÉLA TARR. DIE ZEIT DANACH
Kleine Edition 13
ISBN 978-3-941360-26-6

Björn Quiring (Hg.)
Theatrum Mundi
Die Metapher des Welttheaters von Shakespeare bis Beckett
ISBN 978-3-941360-17-4

Georges Canguilhem
DAS NORMALE UND DAS PATHOLOGISCHE
ISBN 978-3-941360-20-4

Thomas Khurana (Hg.)
THE FREEDOM OF LIFE
Hegelian Perspectives
Freiheit und Gesetz III
ISBN 978-3-941360-21-1

Eva Horn, Michèle Lowrie (Hg.)
DENKFIGUREN/FIGURES OF THOUGHT
Für Anselm Haverkamp/For Anselm Haverkamp
ISBN 978-3-941360-32-7

Andreas Fischer-Lescano
RECHTSKRAFT
Kleine Edition 14
ISBN 978-3-941360-29-7

Simon Rothöhler
HIGH DEFINITION
Digitale Filmästhetik
Kleine Edition 15
ISBN 978-3-941360-25-9

Stefanos Geroulanos, Todd Meyers
EXPERIMENTE IM INDIVIDUUM
Kurt Goldstein und die Frage des Organismus
Kleine Edition 16
ISBN 978-3-941360-30-3

Friedrich Balke, Rembert Hüser
REISEN MIT KAFKA
Paris, Weimar
Kleine Edition 17
ISBN 978-3-941360-39-6

Jacques Lacan
STRUKTUR. ANDERSHEIT. SUBJEKTKONSTITUTION
Lacanian Explorations I
Kleine Edition 18
ISBN 978-3-941360-37-2

Leon Filter
BIEGEN
Mit einem Essay von Helmut Draxler
Kleine Edition 19
ISBN 978-3-941360-36-5

Rüdiger Campe, Christoph Menke, Anselm Haverkamp
BAUMGARTEN-STUDIEN
Zur Genealogie der Ästhetik
ISBN 978-3-941360-38-9

WÖRTERBUCH KINEMATOGRAFISCHER OBJEKTE
ISBN 978-3-941360-33-4

Slavoj Žižek
THE WAGNERIAN SUBLIME
Four Lacanian Readings of Classic Operas
Lacanian Explorations II
Kleine Edition 20
ISBN 978-3-941360-41-9

Jacques Rancière
DIE WÖRTER DER GESCHICHTE
Versuch einer Poetik des Wissens
ISBN 978-3-941360-42-6

Volker Pantenburg (ed.)
CINEMATOGRAPHIC OBJECTS
Things and Operations
ISBN 978-3-941360-34-1

Frédéric Paul
SARAH MORRIS
CAPITAL letters read better for Initials
ISBN 978-3-941360-46-4

David Joselit
NACH KUNST
ISBN 978-3-941360-47-1

Alexander García Düttmann
GEGEN DIE SELBSTERHALTUNG
Ernst und Unernst des Denkens
ISBN 978-3-941360-49-5

Eva Geulen
AUS DEM LEBEN DER FORM
Goethes Morphologie und die Nager
ISBN 978-3-941360-40-2

Daniel Loick
DER MISSBRAUCH DES EIGENTUMS
Kleine Edition 21
ISBN 978-3-941360-54-9

Georges Canguilhem
REGULATION UND LEBEN
Kleine Edition 22
ISBN 978-3-941360-43-3

Maria Muhle und Christiane Voss (Hg.)
BLACK BOX LEBEN
ISBN 978-3-941360-44-0

Astrid Deuber-Mankowsky
QUEERES POST-CINEMA
Yael Bartana, Su Friedrich, Todd Haynes, Sharon Hayes
Kleine Edition 25
ISBN 978-3-941360-55-6

Eric L. Santner
GESETZ UND PARANOIA
Freud, Schreber und die Passionen der Psychoanalyse
Lacanian Explorations III
ISBN 978-3-941360-53-2

Richard Baxstrom, Todd Meyers
VIOLENCE'S FABLED EXPERIMENT
Kleine Edition 27
ISBN 978-3-941360-57-0